FUNDAMENTOS DE PYTHON PARA CIÊNCIA DE DADOS

CB046603

```
B421f    Behrman, Kennedy R.
              Fundamentos de Python para ciência de dados / Kennedy R.
         Behrman ; tradução: Eveline Machado ; revisão técnica:
         Henrique Brodbeck. – Porto Alegre : Bookman, 2023.
              xxii, 228 p. : il. ; 25 cm.

              ISBN 978-85-8260-596-7

              1. Programação (Computadores). 2. Python. I. Título.

                                                      CDU 004.421
```

Catalogação na publicação: Karin Lorien Menoncin – CRB 10/2147

KENNEDY R. BEHRMAN

FUNDAMENTOS DE PYTHON PARA CIÊNCIA DE DADOS

Tradução
Eveline Machado

Revisão técnica
Henrique Brodbeck
Professor do Instituto de Informática
da Universidade Federal do Rio Grande do Sul (UFRGS).

Porto Alegre
2023

Obra originalmente publicada sob o título *Foundational Python for Data Science*

ISBN 9780136624356

Authorized translation from the English language edition, entitled *Foundational Python for Data Science*, 1st edition, by Kennedy Behrman, published by Pearson Education, Inc, publishing as Addison-Wesley Professional, Copyright © 2022.

All rights reserved.

No part of this book may be reproduced or transmitted in any form or by any means, electronic ormechanical, including photocopying, recording or by any information storage retrieval system, without permission from PearsonEducation, Inc.

Tradução autorizada a partir do original em língua inglesa da obra intitulada *Foundational Python for Data Science*, 1ª edição, autoria de Kennedy Behrman, publicada por Pearson Education, Inc, sob o selo Addison-Wesley Professional Copyright © 2022.

Todos os direitos reservados.

Este livro não poderá ser reproduzido nem em parte nem na íntegra, nem ter partes ou sua íntegra armazenado em qualquer meio, seja mecânico ou eletrônico, inclusive fotorreprografação, sem permissão da Pearson Education,Inc.

A edição em língua portuguesa desta obra é uma publicação Grupo A Educação S.A. e selo Bookman Companhia Editora Ltda., Copyright © 2022.

Gerente editorial: Letícia Bispo de Lima

Colaboraram nesta edição:

Consultora editorial: *Arysinha Jacques Affonso*

Editora: *Simone de Fraga*

Leitura final: *Denise Weber Nowaczyk*

Arte sobre a capa original: *Márcio Monticelli*

Editoração: *Pixel Editoração*

Reservados todos os direitos de publicação ao
GRUPO A EDUCAÇÃO S.A.
(Bookman é um selo editorial do GRUPO A EDUCAÇÃO S.A.)
Rua Ernesto Alves, 150 – Bairro Floresta
90220-190 – Porto Alegre – RS
Fone: (51) 3027-7000

SAC 0800 703 3444 – www.grupoa.com.br

É proibida a duplicação ou reprodução deste volume, no todo ou em parte, sob quaisquer formas ou por quaisquer meios (eletrônico, mecânico, gravação, fotocópia, distribuição na Web e outros), sem permissão expressa da Editora.

IMPRESSO NO BRASIL
PRINTED IN BRAZIL

O autor

Kennedy Behrman é um engenheiro de *software* experimente. Ele começou a usar Python para gerenciar recursos digitais na indústria de efeitos visuais e não parou mais. Ele é autor de vários livros e programas de treinamento voltados para o ensino de Python. Atualmente trabalha como engenheiro de dados na Envestnet.

❖
*Este livro é dedicado a Tatiana, Itta e Maple,
provavelmente ainda embaixo da cama.*
❖

Agradecimentos

A ideia para este livro primeiramente veio de Noah Gift. Foi ele quem realmente identificou a necessidade de uma introdução a Python específica para alunos de ciência de dados. Obrigado por isso, Noah. E obrigado a Colin Erdman, que, atuando como editor técnico, foi atento aos detalhes importantes e necessários. Também quero agradecer à equipe da Pearson, inclusive a Malobika Chakraborty, que me orientou durante o processo; Mark Renfrow, que participou e ajudou a concluir o projeto; e Laura Lewin, que ajudou a seguir em frente.

Prefácio

A linguagem Python existe há tempos e já ocupou muitos papéis. Sua implementação original começou com Guido van Rossum, em 1989, como uma ferramenta alternativa aos *scripts* Bash e aos programas C para administração de sistemas.[1] Desde seu lançamento público em 1991, desenvolveu-se e passou a ser usada em vários setores, desde desenvolvimento na *web*, filmes, governo até ciências e negócios.[2]

Fui apresentado pela primeira vez a Python quando usei na indústria cinematográfica para automatizar o gerenciamento de dados em departamentos e locações. Na última década, Python se tornou uma ferramenta dominante em ciência de dados.

Esse domínio evoluiu devido a dois desenvolvimentos: *notebook* Jupyter e bibliotecas de terceiros poderosas. Em 2001, Fernando Perez iniciou o projeto IPython, um ambiente Python interativo inspirado pelos *notebooks* Maple e Mathematica.[3] Em 2014, a parte específica para *notebooks* ganhou a denominação de projeto Jupyter. Esses *notebooks* são excelentes para ambientes de trabalho científicos e estatísticos. Paralelamente a esse desenvolvimento, bibliotecas de terceiros para computação científica e estatística foram desenvolvidas para Python. Com tantas aplicações, a funcionalidade disponível para um programador Python aumentou imensamente. Com pacotes especializados para tudo, desde a abertura de *web sockets* a processamento de texto em linguagem natural, há mais aplicabilidades disponíveis do que um desenvolvedor iniciante precisa.

Este projeto foi idealizado por Noah Gift.[4] Em seu trabalho como educador, ele descobriu que alunos de ciência de dados não tinham um recurso para aprender apenas o que precisavam de Python. Havia muitos livros sobre Python em geral e sobre ciência de dados, mas não recursos para aprender somente Python necessário para iniciar-se em ciência de dados. É isso que tentamos fornecer aqui. Este livro não ensinará Python necessário para configurar uma página da *web* nem fazer a administração do sistema. Também não pretende ensinar ciência de dados, mas, sim, Python necessário para aprender ciência de dados.

Espero que você encontre aqui uma boa companhia para aumentar seu conhecimento em ciência de dados.

Código de exemplo

Grande parte do código mostrada nos exemplos neste livro pode ser encontrada no GitHub: https://github.com/kbehrman/foundational-python-for-data-science.

---

[1] https://docs.python.org/3/faq/general.html#why-was-python-created-in-the-first-place

[2] https://www.python.org/success-stories

[3] http://blog.fperez.org/2012/01/ipython-notebook-historical.html

[4] https://noahgift.com

Créditos das Figuras

Figura	Atribuição do Crédito
Capa	Boris Znaev/Shutterstock
Capa	Mark.G/Shutterstock
Figura 1.1	Tela da caixa de diálogo Colab © 2021 Google
Figura 1.2	Tela para renomear Notebook © 2021 Google
Figura 1.3	Tela do Google Drive © 2021 Google
Figura 1.4	Tela para editar células de texto © 2021 Google
Figura 1.5	Tela para formatar texto © 2021 Google
Figura 1.6	Tela das listas © 2021 Google
Figura 1.7	Tela dos cabeçalhos © 2021 Google
Figura 1.8	Tela do sumário © 2021 Google
Figura 1.9	Tela para ocultar células © 2021 Google
Figura 1.10	Tela do exemplo LaTeX © 2021 Google
Figura 1.11	Tela dos arquivos A © 2021 Google
Figura 1.12	Tela para upload de arquivos © 2021 Google
Figura 1.13	Tela para montar Google Drive © 2021 Google
Figura 1.14	Tela dos fragmentos de código © 2021 Google

Sumário

PARTE I Aprendendo Python no ambiente *notebook* 1

    1   Introdução aos *notebooks* 3

    2   Fundamentos de Python 13

    3   Sequências 25

    4   Outras estruturas de dados 37

    5   Controle da execução 55

    6   Funções 67

PARTE II Bibliotecas de ciência de dados 83

    7   NumPy 85

    8   SciPy 103

    9   Pandas 113

    10 Bibliotecas de visualização 135

    11 Biblioteca do aprendizado de máquina 153

    12 Natural language toolkit 159

PARTE III Python intermediário 171

    13 Programação funcional 173

    14 Programação orientada a objetos 187

    15 Outros assuntos 201

    A   Respostas para as perguntas no final dos capítulos 215

       Índice 221

Sumário detalhado

PARTE I Aprendendo Python no ambiente *notebook* 1

1 Introdução aos *notebooks* 3
Executando declarações Python 4
Notebooks Jupyter 4
Google Colab 5
    Células de texto do Colab 6
    Células de código Colab 9
    Arquivos Colab 9
    Gerenciando documentos do Colab 10
    Fragmentos de código do Colab 11
    Coleções existentes 11
    Álias do sistema 11
    Funções mágicas 12
Resumo 12
Perguntas 12

2 Fundamentos de Python 13
Tipos básicos em Python 13
    Linguagens de alto nível *versus* baixo nível 15
    Declarações 15
Realizando operações matemáticas básicas 21
Usando classes e objetos com notação de ponto 22
Resumo 22
Perguntas 23

3 Sequências 25
Operações compartilhadas 25
    Testando a associação 26
    Indexando 26
    Fatiamento 27
    Interrogação 27
    Operações matemáticas 28

Listas e tuplas 29
  Criando listas e tuplas 29
  Adicionando e removendo itens da lista 30
  Descompactando 31
  Classificando listas 32
Strings 32
Intervalos 34
Resumo 35
Perguntas 35

4 Outras estruturas de dados 37
Dicionários 37
  Criando dicionários 38
  Acessando, adicionando e atualizando com chaves 38
  Removendo itens dos dicionários 39
  Exibições de dicionário 40
  Verificando para saber se um dicionário tem uma chave 43
  Método get 43
  Tipos de chaves válidos 44
  Método hash 45
Conjuntos 46
  Operações de conjunto 48
Frozensets 53
Resumo 53
Perguntas 53

5 Controle da execução 55
Declarações compostas 55
  Estrutura da declaração composta 55
  Avaliando como `true` ou `false` 56
Declarações `if` 59
Loops `while` 62
Loops `for` 63
Declarações `break` e `continue` 64
Resumo 65
Perguntas 65

6 Funções 67
Definindo funções 67
  Docstrings 68
  Parâmetros 69
  Declarações return 75

Escopo nas funções 75
Decorators 76
Funções anônimas 80
Resumo 81
Perguntas 81

PARTE II Bibliotecas de ciência de dados 83

7 NumPy 85
Instalando e importando NumPy 86
Criando arrays 86
Indexando e fatiando 89
Operações elemento a elemento 91
Filtrando valores 92
Exibições *versus* cópias 94
Alguns métodos do array 95
Broadcast 98
Matemática com NumPy 100
Resumo 102
Perguntas 102

8 SciPy 103
Visão geral de SciPy 103
Submódulo `scipy.misc` 104
Submódulo `scipy.special` 105
Submódulo `scipy.stats` 105
   Distribuições discretas 105
   Distribuições contínuas 108
Resumo 111
Perguntas 111

9 Pandas 113
Sobre DataFrames 113
Criando DataFrames 114
   Criando um DataFrame a partir do dicionário 114
   Criando um DataFrame a partir da lista de listas 115
   Criando um DataFrame a partir do arquivo 116
Interagindo com os dados do DataFrame 117
   Head e Tail 117
   Estatística descritiva 118
   Acessando dados 120
   Sintaxe com colchetes 121

Acesso otimizado por rótulo   123
Acesso otimizado por índice   124
Máscara e filtro   125
Operadores booleanos do pandas   126
Manipulando DataFrames   127
Manipulando dados   129
Método `replace`   131
Exibição interativa   132
Resumo   133
Perguntas   133

10 Bibliotecas de visualização   135
`matplotlib`   135
Estilos de plotagem   137
Dados rotulados   140
Plotando múltiplos conjuntos de dados   141
Estilo orientado a objetos   143
Seaborn   144
Temas do Seaborn   145
Plotly   148
Bokeh   149
Outras bibliotecas de visualização   151
Resumo   151
Perguntas   151

11 Biblioteca do aprendizado de máquina   153
Bibliotecas de aprendizado de máquina populares   153
Como o aprendizado de máquina funciona   154
Transformações   154
Dividindo o teste e treinando os dados   155
Treinando e testando   156
Aprendendo mais sobre Scikit-learn   157
Resumo   157
Perguntas   157

12 Natural Language Toolkit   159
Textos de amostra do NLTK   159
Distribuições de frequência   161
Objetos de texto   165
Classificando texto   166
Resumo   169
Exercícios   169

PARTE III   Python intermediário   171

13   Programação funcional   173

Introdução à programação funcional   173
   Escopo e estado   174
   Dependendo do estado global   174
   Mudando o estado   175
   Alterando os dados mutáveis   176
   Funções de programação funcionais   177
Compreensões de lista   179
   Sintaxe básica da compreensão de lista   179
   Substituindo map e filter   180
   Múltiplas variáveis   181
   Compreensões de dicionário   181
Geradores   182
   Expressões do gerador   182
   Funções do gerador   183
Resumo   184
Perguntas   185

14   Programação orientada a objetos   187

Agrupando estado e função   187
   Classes e instâncias   188
   Métodos e variáveis privados   190
   Variáveis da classe   190
Métodos especiais   191
   Métodos de representação   191
   Métodos de comparação avançados   192
   Métodos do operador matemático   195
Herança   196
Resumo   199
Perguntas   199

15   Outros assuntos   201

Classificação   201
   Listas   201
Lendo e gravando arquivos   204
   Gerenciadores de contexto   205
Objetos datetime   206
Expressões regulares   207
   Conjuntos de caracteres   208
   Classes de caracteres   209

Grupos   209
Grupos nomeados   210
Localizar todos   210
Iterador para localizar   211
Substituição   211
Substituição usando grupos nomeados   211
Compilando expressões regulares   211
Resumo   212
Perguntas   212

Apêndice A   Respostas para as perguntas no final dos capítulos   215

Índice   221

PARTE I

Aprendendo Python no ambiente *notebook*

1
Introdução aos *notebooks*

Todos os animais são iguais, mas alguns são mais iguais que outros.
George Orwell

Neste capítulo
- Executando declarações Python
- Introdução aos *notebooks* Jupyter
- Introdução aos *notebooks* hospedados pelo Google Colab
- Células de texto e código
- Upload de arquivos para o ambiente Colab
- Usando um álias do sistema para executar comandos do shell
- Funções mágicas

Neste capítulo é apresentado o ambiente *notebook* Jupyter do Google Colab, que é uma ótima maneira para o iniciante começar no desenvolvimento científico de Python. Este capítulo começa examinando modos tradicionais de executar o código Python.

Executando declarações Python

Historicamente, Python era chamado em um shell Python interativo ou fornecendo arquivos de texto ao interpretador. Se você instalou Python em seu sistema, pode abrir o shell interativo e predefinido de Python digitando python na linha de comando:

```
python
Python 3.9.1 (default, Mar 7 2021, 09:53:19)
[Clang 12.0.0 (clang-1200.0.32.29)] on darwin
Type "help", "copyright", "credits" or "license" for more information.
```

> **Nota**
> Para o código neste livro, usamos **texto em negrito** para a entrada do usuário (o código que você digitaria) e texto sem negrito para qualquer saída resultante.

Então é possível digitar as declarações Python e executá-las pressionando Enter:

```
print("Hello")
Hello
```

Como mostrado aqui, veja o resultado de cada declaração exibido diretamente na linha da declaração.

Quando os comandos Python são armazenados em um arquivo de texto com a extensão .py, execute-os na linha de comando digitando **python** seguido do nome de arquivo. Se tiver um arquivo denominado hello.py, por exemplo, e ele tiver a declaração print("Hello"), será possível chamar esse arquivo na linha de comando como a seguir e ver a saída exibida na próxima linha:

```
python hello.py
Hello
```

Para projetos de *software* Python tradicionais, o shell interativo era adequado como um lugar para descobrir a sintaxe ou fazer experimentos simples. O código baseado em arquivos era onde ocorria o desenvolvimento real e o *software* era escrito. Esses arquivos podiam ser distribuídos para qualquer ambiente que precisasse executar o código. Para a computação científica, essas soluções não eram ideais. Os cientistas queriam ter um envolvimento interativo com os dados e ainda conseguir persistir e compartilhar em um formato de documento. O desenvolvimento baseado em *notebooks* surgiu para atender a essa demanda.

Notebooks Jupyter

O projeto IPython é mais uma versão cheia de recursos do shell interativo de Python. O projeto Jupyter surgiu do projeto IPython. Os *notebooks* Jupyter combinam a natureza interativa do shell Python com a persistência de um formato de documento. *Notebook* é um documento executável que combina um código executável com o texto formatado. Um *notebook* é composto de "células", contendo código ou texto. Quando uma célula do código é executada, qualquer saída é exibida diretamente abaixo da célula. Qualquer alteração do estado feita por uma célula do código é compartilhada pelas células executadas posteriormente.

Isso significa que você pode construir seu código célula por célula, sem precisar executar de novo o documento inteiro quando faz uma alteração. É especialmente útil quando está explorando e experimentando dados.

Os *notebooks* Jupyter foram amplamente adotados para o trabalho com ciência de dados. Você pode executar esses *notebooks* localmente em sua máquina ou em serviços hospedados, como os fornecidos por AWS, Kaggle, Databricks ou Google.

Google Colab

Colab (abreviação de Colaboratório) é um serviço *notebook* hospedado pelo Google. Usar o Colab é uma ótima maneira de começar com Python, pois não é preciso instalar nada nem lidar com dependências de bibliotecas ou gerenciamento do ambiente. Este livro usa os *notebooks* Colab para todos os exemplos. Para usar o Colab, você deve ter uma conta Google e acessar https://colab.research.google.com (veja a Figura 1.1). Nesse ponto, é possível criar novos *notebooks* ou abrir os existentes. Os *notebooks* existentes podem incluir exemplos fornecidos pelo Google, *notebooks* criados anteriormente por você ou *notebooks* que você copiou para o Google Drive.

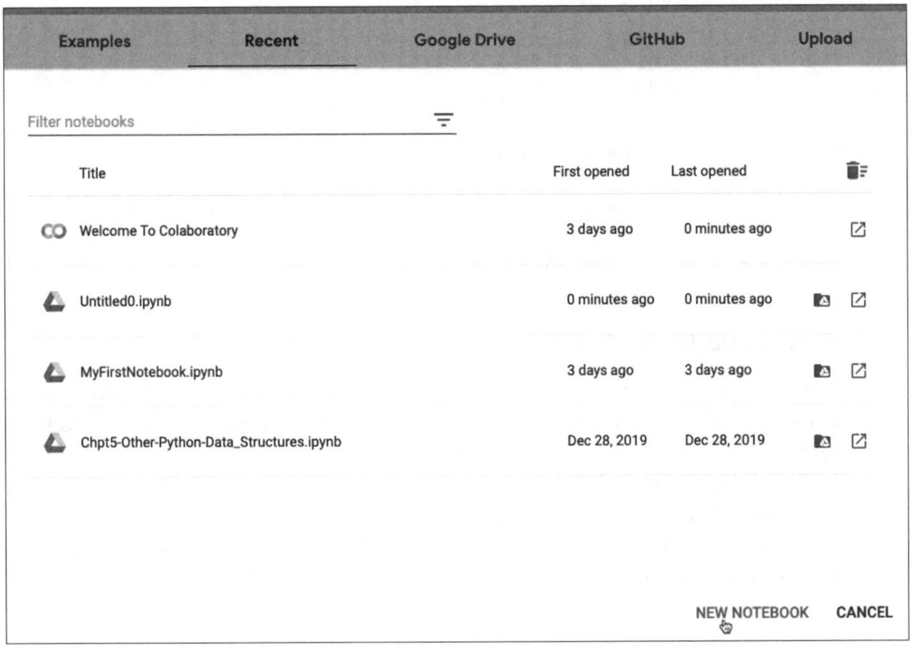

FIGURA 1.1 Caixa de diálogo inicial do Google Colab.

Ao escolher criar um novo *notebook*, ele abre em uma nova guia do navegador. O primeiro *notebook* criado tem o título padrão Untitled0.ipynb. Para mudar o nome, clique duas vezes no título e digite um novo nome (veja a Figura 1.2).

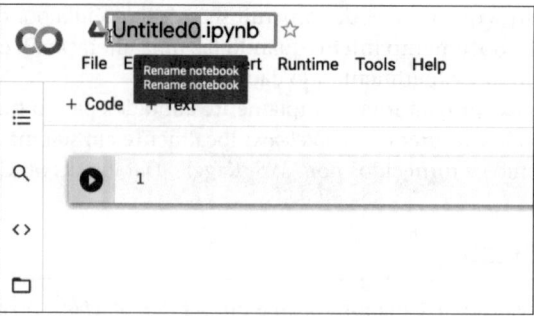

FIGURA 1.2 Renomeando um *notebook* no Google Colab.

O Colab salva automaticamente seus *notebooks* no Google Drive, que você pode acessar indo para Drive.Google.com. O local padrão é um diretório chamado Colab *Notebooks* (veja a Figura 1.3).

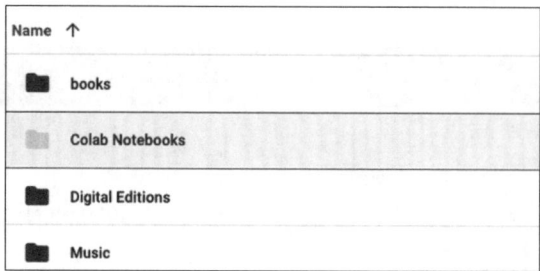

FIGURA 1.3 Pasta Colab *Notebooks* no Google Drive.

Células de texto do Colab

Um novo *notebook* Google Colab tem uma única célula de código. Há dois tipos de célula: texto ou código. Você pode adicionar novas células usando os botões +Code e +Text à esquerda superior da interface do *notebook*.

As células de texto são formatadas usando uma linguagem chamada Markdown. (Para ter acesso a mais informações sobre Markdown, acesse https://colab.research.google.com/notebooks/markdown_guide.ipynb.) Para editar uma célula, clique duas vezes nela e o Markdown aparecerá à direita, com uma visualização da saída à esquerda (veja a Figura 1.4).

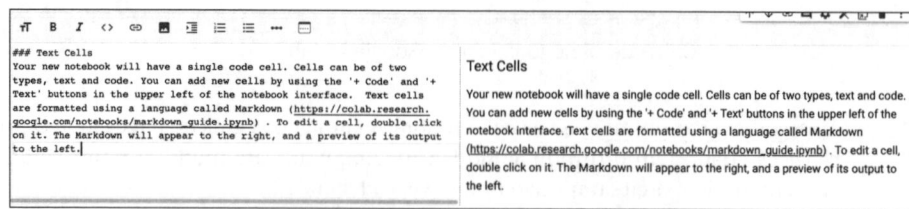

FIGURA 1.4 Editando células de texto em um *notebook* Google Colab.

Como mostrado na Figura 1.5, é possível modificar o texto em um *notebook* para que fique em negrito, itálico, tachado e monoespaçado.

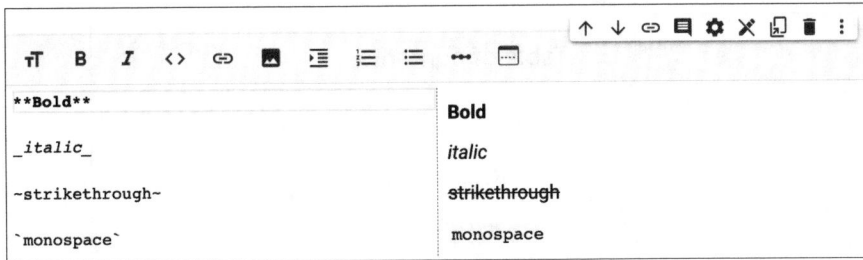

FIGURA 1.5 Formatando texto em um *notebook* Google Colab.

Como mostrado na Figura 1.6, você pode criar uma lista numerada colocando números antes dos itens e pode criar uma lista com marcadores colocando asteriscos antes deles.

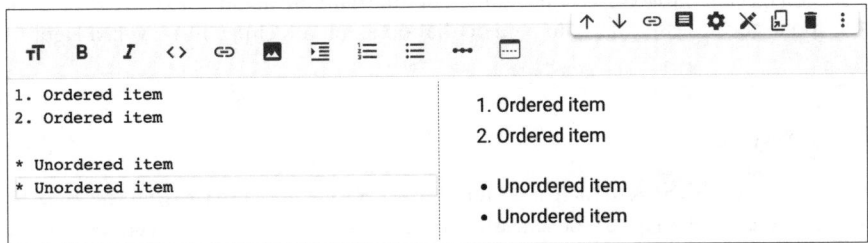

FIGURA 1.6 Criando listas em um *notebook* Google Colab.

Como na Figura 1.7, crie cabeçalhos colocando *hashtags* antes do texto. Uma *hashtag* simples cria o cabeçalho mais alto, duas *hashtags* criam um cabeçalho de primeiro nível, e assim por diante.

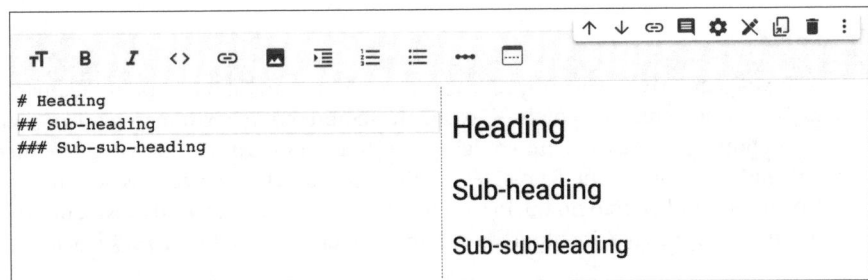

FIGURA 1.7 Criando cabeçalhos em um *notebook* Google Colab.

Um cabeçalho no topo de uma célula determina a hierarquia da célula no documento. Você pode exibir essa hierarquia abrindo o sumário, o que você faz clicando no botão Menu à esquerda superior da interface do *notebook*, como na Figura 1.8.

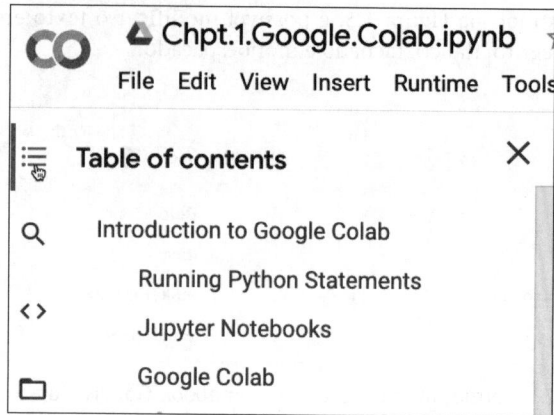

FIGURA 1.8 Sumário em um *notebook* Google Colab.

Use o sumário para navegar pelo documento clicando nos cabeçalhos exibidos. Uma célula de cabeçalho com células-filha tem um triângulo ao lado do texto do cabeçalho. Você pode clicar nesse triângulo para ocultar ou exibir as células-filha (veja a Figura 1.9).

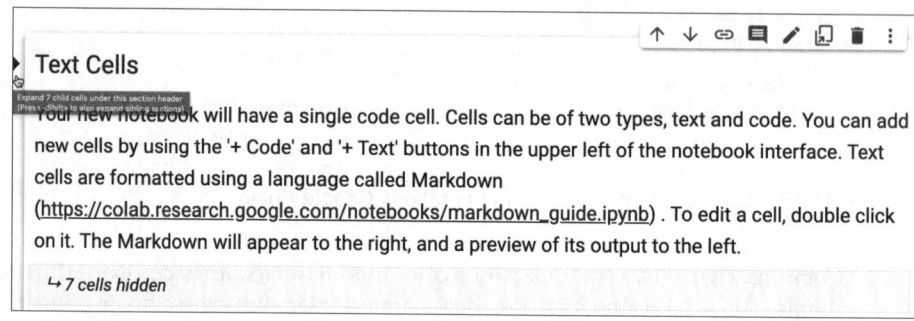

FIGURA 1.9 Ocultando células em um *notebook* Google Colab.

LaTeX

A linguagem LaTeX (veja https://www.latex-project.org/about/), orientada para a preparação de documentos técnicos, é excelente ao apresentar texto matemático. A LaTeX usa uma abordagem baseada em código planejada para permitir que você se concentre no conteúdo, não no layout. É possível inserir o código LaTeX nas células de texto do *notebook* Colab colocando cifrão no início e no fim do código. A Figura 1.10 mostra um exemplo da documentação LaTeX incorporada em uma célula de texto do *notebook* Colab.

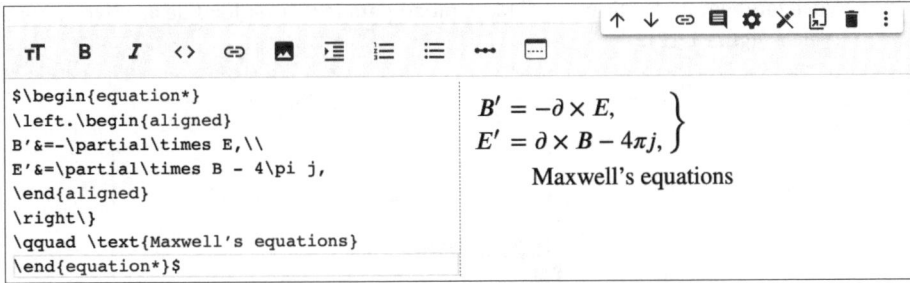

FIGURA 1.10 LaTeX incorporado em um *notebook* Google Colab.

Células de código Colab

Nos *notebooks* Google Colab, use células de código para escrever e executar o código Python. Para executar uma declaração Python, digite-a em uma célula de código, clique no botão Play à esquerda da célula ou pressione Shift+Enter. Pressionar Shift+Enter o leva para a próxima célula ou cria uma nova célula, caso não haja nenhuma. Qualquer saída do código executado é exibida abaixo da célula, como neste exemplo.

```
print("Hello")
hello
```

Os capítulos posteriores deste livro usam apenas células de código para os *notebooks* Colab.

Arquivos Colab

Para ver os arquivos e as pastas disponíveis no Colab, clique no botão Files à esquerda da interface (veja a Figura 1.11). Por padrão, você deve acessar a pasta sample_data fornecida pelo Google.

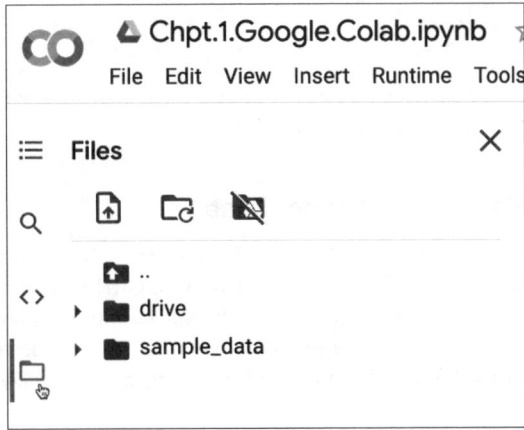

FIGURA 1.11 Exibindo arquivos no Google Colab.

Você também pode clicar no botão Upload para fazer o upload de arquivos para a sessão (veja a Figura 1.12).

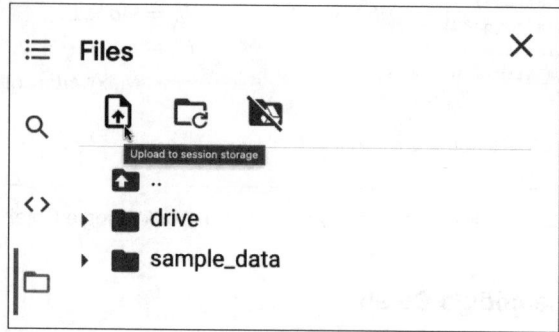

FIGURA 1.12 Upload de arquivos no Google Colab.

Os arquivos enviados ficam disponíveis apenas na sessão atual do seu documento. Se você voltar ao mesmo documento depois, precisará fazer o upload de novo. Todos os arquivos disponíveis no Colab têm o caminho-raiz /content/, portanto se você envia um arquivo chamado heights.over.time.csv, seu caminho será /content/heights.over.time.csv.

É possível montar seu Google Drive clicando no botão Mount Drive (veja a Figura 1.13). O conteúdo da sua unidade tem o caminho-raiz /content/drive.

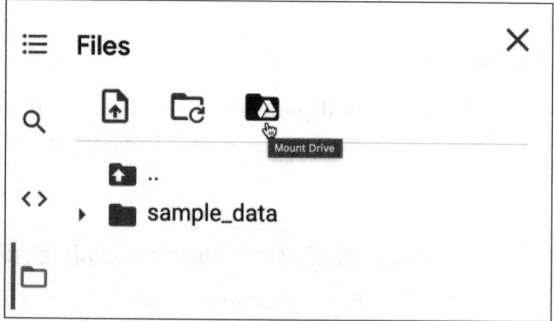

FIGURA 1.13 Montando seu Google Drive.

Gerenciando documentos do Colab

Por padrão, os *notebooks* são salvos no Google Drive. No menu File, você pode ver mais opções para salvar os *notebooks*. Pode salvá-los no GitHub, como gists ou arquivos rastreados. Também pode baixá-los no formato do *notebook* Jupyter (com a extensão .ipynb) ou como arquivos Python (com a extensão .py). Também pode compartilhar os *notebooks* clicando no botão Share à direita superior da interface do *notebook*.

Fragmentos de código do Colab

A seção Code Snippets da seção de navegação à esquerda do Colab permite pesquisar e selecionar fragmentos de código (veja a Figura 1.14). Insira os fragmentos selecionados clicando no botão Insert. Usar fragmentos de código é uma ótima maneira de ver exemplos do que pode ser feito no Colab, inclusive criar formulários interativos, baixar dados e usar várias opções de visualização.

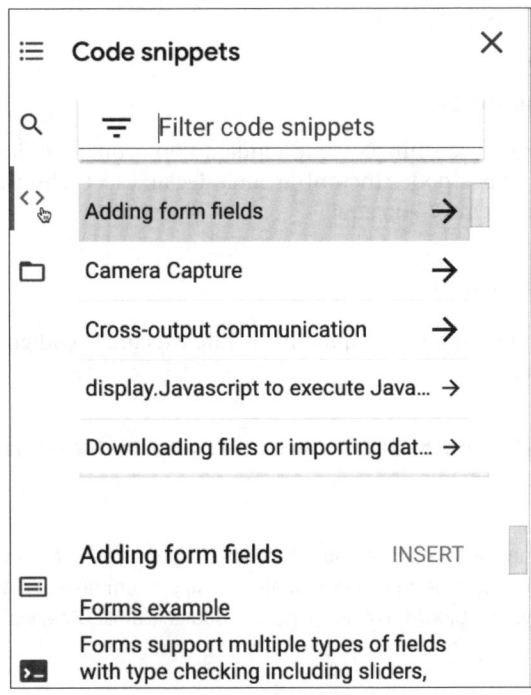

FIGURA 1.14 Usando fragmentos de código no Google Colab.

Coleções existentes

Você pode usar os *notebooks* do Google Colab para explicar e demonstrar técnicas, conceitos e fluxogramas. O trabalho de ciência de dados é compartilhado em muitas coleções de *notebooks* disponíveis na web. O Kaggle (veja https://www.kaggle.com/code) tem muitos *notebooks* compartilhados, assim como o Google Seedbank (veja https://research.google.com/seedbank/).

Álias do sistema

Execute um comando do shell em uma célula de código do *notebook* Colab anexando ao comando um ponto de exclamação. O exemplo a seguir imprime o diretório de trabalho:

```
!pwd
/content
```

Você pode capturar qualquer saída no comando do shell em uma variável Python, como mostrado aqui, e usá-la no código subsequente:

```
var = !ls sample_data
print(var)
```

> **Nota**
> Não se preocupe ainda com as variáveis. Aprenderá sobre elas no Capítulo 2, "Fundamentos de Python".

Funções mágicas

Funções mágicas são funções que mudam como uma célula de código é executada. Por exemplo, você pode sincronizar uma declaração Python usando a função mágica %timeit(), como mostrado aqui:

```
import time
%timeit(time.sleep(1))
```

Outro exemplo é fazer com que uma célula execute o código HTML usando a função mágica %%html:

```
%%html
<marquee style='width: 30%; color: blue;'><b>Whee!</b></marquee>
```

> **Nota**
> Encontre mais informações sobre funções mágicas nos *notebooks* de exemplo Cell Magics que fazem parte da documentação Jupyter em https://nbviewer.jupyter.org/github/ipython/ipython/blob/1.x/examples/notebooks/Cell%20Magics.ipynb.

Resumo

Notebooks Jupyter são documentos que combinam texto formatado com código executável. Eles se tornaram um formato muito popular para o trabalho científico e há muitos exemplos disponíveis na web. O Google Colab oferece *notebooks* hospedados e inclui muitas bibliotecas populares usadas em ciência de dados. Um *notebook* é composto de células de texto, formatadas em Markdown, e células de código, que podem executar o código Python. Os próximos capítulos apresentam muitos exemplos de *notebooks* Colab.

Perguntas

1. Quais *notebooks* são hospedados no Google Colab?
2. Quais tipos de célula estão disponíveis no Google Colab?
3. Como você monta seu Google Drive no Colab?
4. Qual linguagem é executada nas células de código do Google Colab?

2
Fundamentos de Python

Todos os modelos são errados, mas alguns são úteis.

George E. P. Box

Neste capítulo
- Tipos predefinidos em Python
- Introdução às declarações
- Declarações de expressão
- Declarações assert
- Declarações de atribuição e variáveis
- Declarações import
- Impressão
- Operações matemáticas básicas
- Notação de ponto

Neste capítulo são examinados alguns blocos de construção que você pode usar para criar um programa Python. Ele apresenta os tipos de dados básicos predefinidos, como inteiros e *strings*. Também apresenta várias declarações simples usadas para direcionar as ações do computador. Este capítulo cobre as declarações que atribuem valores a variáveis e declarações para assegurar que o código seja avaliado como o esperado. Também explica como importar módulos para estender a funcionalidade disponível em seu código. No final do capítulo, você saberá o suficiente para escrever um programa que realiza operações matemáticas simples em valores armazenados.

Tipos básicos em Python

Biólogos acham útil organizar seres vivos em hierarquia, desde domínio e reino até gênero e espécie. Quanto mais descemos na hierarquia, mais parecidas são as formas de vida que compartilham um grupo. Existe uma hierarquia semelhante em ciência de dados.

Analisador (ou *parser*) é um programa que pega seu código como entrada e o traduz em instruções para o computador. O analisador Python divide o código em tokens, que têm um significado particular definido para a linguagem Python. É útil agrupar esses tokens com base nos comportamentos compartilhados e atributos, como os biólogos fazem com os seres na natureza. Esses grupos no Python se chamam *coleções* e *tipos*. Existem tipos predefinidos na própria linguagem e há outros definidos por desenvolvedores fora do núcleo da linguagem. Em um alto nível, a documentação Python (veja https://docs.python.org/3/library/stdtypes.html) define os principais tipos predefinidos como numéricos, sequências (Capítulo 3, "Sequências"), mapeamentos (Capítulo 4, "Outras estruturas de dados"), classes (Capítulo 14, "Programação orientada a objetos"), instâncias (Capítulo 14) e exceções. Em um nível baixo, os tipos predefinidos mais básicos são:

- **Numéricos:** booleanos, inteiros, números de ponto flutuante e números imaginários
- **Sequências:** *strings* e *strings* binárias

Simplificando, os inteiros (ou ints) são representados no código como dígitos comuns. Os números de ponto flutuante, referidos como floats, são representados como um grupo de dígitos com um operador de ponto. Você pode usar a função type para ver o tipo de um inteiro e um float:

```
type(13)
int

type(4.1)
float
```

Se quiser que um número seja float, deve assegurar que ele tenha um ponto e um número à direita, mesmo que o número seja zero:

```
type(1.0)
float
```

Os booleanos são representados por duas constantes, True e False, ambas avaliadas como o tipo bool, que internamente é uma forma especializada de int:

```
type(True)
bool

type(False)
bool
```

Uma *string* são caracteres entre aspas. Use *strings* para representar vários textos, com muitos usos diferentes. Veja um exemplo a seguir:

```
type("Hello")
str
```

> **Nota**
> Você aprenderá muito mais sobre *strings* e *strings* binárias no Capítulo 4.

Um tipo especial, NoneType, tem apenas um valor, None. É usado para representar algo que não tem valor:

```
type(None)
NoneType
```

Linguagens de alto nível *versus* baixo nível

Em essência, escrever *software* é apenas dar instruções ao computador. O segredo é traduzir as ações de uma forma compreensível por pessoas em instruções que um computador entende. Hoje, as linguagens de programação variam desde muito próximas de como um computador entende a lógica até muito mais próximas da linguagem humana. As linguagens mais próximas das instruções do computador são referidas como *linguagens de baixo nível*. O código da máquina e a linguagem assembly são exemplos de linguagens de baixo nível. Com essas linguagens, você tem o máximo controle sobre exatamente o que faz o processador do computador, mas escrever código com elas é chato e demorado.

As linguagens de nível mais alto abstraem grupos de instruções em partes maiores de funcionalidade. Linguagens diferentes nesse espectro têm pontos positivos únicos. Por exemplo, a linguagem C, que está na extremidade mais baixa das linguagens de alto nível, permite gerenciar diretamente o uso de memória do programa e escrever um *software* altamente otimizado requerido para sistemas incorporados. Por outro lado, Python está na extremidade mais alta das linguagens de alto nível. Ele não permite dizer diretamente quanta memória usar para salvar seus dados ou liberar memória quando ela acaba. A sintaxe da linguagem Python é muito mais próxima da lógica como definida na linguagem humana e geralmente é mais fácil de entender e escrever do que as linguagens de baixo nível. Traduzir as ações da linguagem humana para Python costuma ser um processo rápido e fácil.

Declarações

Um programa Python é construído com declarações. Cada declaração pode ser considerada uma ação que o computador deve realizar. Se você considera um programa de *software* como uma receita de culinária, uma declaração é uma instrução simples, como "bata as gemas dos ovos até ficarem brancas" ou "asse por 15 minutos".

Para simplificar, uma declaração Python é uma linha de código com o final da linha significando o final da declaração. Uma declaração simples poderia, por exemplo, chamar uma função, como nesta declaração de expressão:

```
print("hello")
```

Uma declaração também pode ser mais complicada, como esta aqui, que avalia as condições e atribui uma variável com base nessa avaliação:

```
x,y = 5,6
bar = x**2 if (x < y) and (y or z) else x//2
```

Python permite declarações simples e complexas. As declarações simples do Python incluem expressão, assert, atribuição, pass, delete, return, yield, raise, break, continue, import, future, global e declarações nonlocal. Este capítulo cobre algumas declarações simples e os capítulos posteriores cobrem as demais. O Capítulo 5, "Controle da Execução", e o Capítulo 6, "Funções", cobrem as declarações complexas.

Múltiplas declarações

Embora usar uma declaração seja suficiente para definir um programa, os programas mais úteis consistem em múltiplas declarações. Os resultados de uma declaração podem ser usados pelas declarações seguintes, criando uma funcionalidade com a combinação das ações. Por exemplo, você pode usar a seguinte declaração para atribuir a uma variável o resultado de uma divisão de inteiros, usar esse resultado para calcular um valor para outra variável, então usar ambas as variáveis em uma terceira declaração como entradas para uma declaração print:

```
x = 23//3
y = x**2
print(f"x is {x}, y is {y}")
x is 7, y is 49
```

Declarações de expressão

Uma expressão Python é uma parte do código avaliada com um valor (ou None). Esse valor poderia ser, entre outras coisas, uma expressão matemática ou uma chamada para uma função ou um método. Uma declaração de expressão é somente uma declaração que tem uma expressão, mas não captura sua saída para outro uso. Em geral, as declarações de expressão são úteis apenas em ambientes interativos, como um shell IPython. Em tal ambiente, o resultado de uma expressão é exibido para o usuário após a execução. Isso significa que, se você estiver em um shell e desejar saber o que uma função retorna ou quanto é 12344 dividido por 12, poderá ver a saída sem codificar um meio de exibi-la. Também pode usar uma declaração de expressão para ver o valor de uma variável (como mostrado no exemplo a seguir) ou apenas repetir o valor exibido de qualquer tipo. Veja algumas declarações de expressão simples e a saída de cada uma:

```
23 * 42
966

"Hello"
'Hello'

import os
os.getcwd()
'/content'
```

Você verá inúmeras declarações de expressão usadas neste livro para demonstrar a funcionalidade de Python. Em cada caso, verá a expressão primeiro, com seu resultado na linha seguinte.

Declarações assert

Uma declaração assert tem uma expressão como argumento e assegura que o resultado seja avaliado como True. As expressões que retornam False, None, zero, contêineres vazios e *strings* vazias são avaliadas como False; todas as outras são True (os contêineres são vistos no Capítulo 3, "Sequências", e no Capítulo 4, "Outras Estruturas de Dados"). Uma declaração assert gera um erro se a expressão é avaliada como False, mostrado neste exemplo:

```
assert(False)
```
```
---------------------------------------------------------------
AssertionError               Traceback (most recent call last)
<ipython-input-5-8808c4021c9c> in <module>()
----> 1 assert(False)
```

Do contrário, a declaração assert chama a expressão e continua na próxima declaração, como neste exemplo:

```
assert(True)
```

Você pode usar as declarações assert ao depurar para assegurar que alguma condição supostamente verdadeira seja, de fato, verdadeira. Essas declarações têm impacto no desempenho; portanto, se você usá-las muito ao desenvolver, poderá querer desativá-las ao executar seu código em um ambiente de produção. Se estiver executando seu código na linha de comando, poderá adicionar o flag -o, otimizar, para desativá-las:

```
python -o my_script.py
```

Declarações de atribuição

Uma variável é um nome que aponta para uma parte dos dados. É importante entender que, em uma declaração de atribuição, a variável aponta para os dados e não é o dado em si. A mesma variável pode ser apontada para diferentes itens, até itens de diferentes tipos. E mais, é possível mudar os dados para os quais uma variável aponta sem mudar a variável. Como no exemplo anterior no capítulo, uma variável recebe um valor usando o operador de atribuição (um sinal de igual). O nome da variável aparece à esquerda do operador e o valor fica à direita. Os próximos exemplos mostram como atribuir o valor 12 à variável x e o texto 'Hello' à variável y:

```
x = 12
y = 'Hello'
```

Assim que as variáveis recebem valores, é possível usar nomes de variável no lugar dos valores. Portanto, você pode fazer cálculos usando a variável x ou usar a variável y para construir uma parte do texto, como no exemplo:

```
answer = x - 3
print(f"{y} Jeff, the answer is {answer}")
Hello Jeff, the answer is 9
```

Veja que os valores para x e y são usados onde as variáveis foram inseridas. Você pode atribuir diversos valores a diversas variáveis em uma declaração separando os nomes da variável e os valores com vírgulas:

```
x, y, z = 1,'a',3.0
```

Aqui, x recebe o valor 1, y tem o valor 'a' e z, 3.0.

É uma prática recomendada dar nomes significativos às variáveis que ajudam a explicar seu uso. Usar x para um valor no eixo x de um gráfico é bom, mas usar x para manter o valor para o nome de um cliente é confuso; first_name seria um nome de variável muito mais claro para o nome do cliente.

Declarações pass

As declarações pass são espaços reservados. Elas não realizam qualquer ação em si, mas quando há um código que requer uma declaração sintaticamente correta, uma declaração pass pode ser usada. Tal declaração consiste na palavra-chave pass e nada mais. Em geral elas são usadas para analisar funções e classes ao esquematizar o design do código (i.e., colocar nomes sem funcionalidade). Você aprenderá mais sobre funções no Capítulo 6, "Funções", e sobre classes no Capítulo 14.

Declarações delete

Uma declaração delete exclui algo do programa em execução. Consiste na palavra-chave del seguida do item a ser excluído, entre parênteses. Assim que o item é excluído, ele não pode ser referido de novo, a menos que seja redefinido. O próximo exemplo mostra um valor sendo atribuído a uma variável, e então sendo excluído:

```
polly = 'parrot'
del(polly)
print(polly)
```
```
NameError                     Traceback (most recent call last)
<ipython-input-6-c0525896ade9> in <module>()
      1 polly = 'parrot'
      2 del(polly)
----> 3 print(polly)

NameError: name 'polly' is not defined
```

Ao tentar acessar a variável usando uma função print neste exemplo, é gerado um erro.

> **Nota**
>
> Python tem seu próprio sistema de coleta de lixo e normalmente você não precisa excluir objetos para liberar memória, mas pode ser que você queira removê-los em algum momento.

Declarações return

Uma declaração return define o valor de retorno de uma função. Você verá como escrever funções, inclusive usando declarações return, no Capítulo 6.

Declarações yield

As declarações yield são usadas ao escrever funções geradoras, que fornecem um modo poderoso de otimizar o desempenho e o uso da memória. Explicamos os geradores no Capítulo 13, "Programação Funcional".

Declarações raise

Alguns exemplos deste capítulo demonstraram um código que causa erros. Os erros que ocorrem durante a execução de um programa (em oposição aos erros na sintaxe que impedem a execução do programa) são chamados de "exceções". As exceções interrompem a execução normal de um programa e a menos que sejam lidadas, fazem com que o programa saia. As declarações raise são usadas para chamar de novo uma exceção que foi capturada e gerar uma exceção predefinida ou uma exceção que você planejou especificamente para seu programa. Python tem muitas exceções predefinidas, cobrindo muitos casos de uso diferentes (veja https://docs.python.org/3/library/exceptions.html#bltin-exceptions). Se você quiser chamar uma dessas exceções predefinidas, poderá usar uma declaração raise, que consiste na palavra-chave `raise` seguida da exceção. Por exemplo, `NotImplementedError` é um erro usado nas hierarquias de classes para indicar que uma classe-filha deve implementar um método (veja o Capítulo 14). O seguinte exemplo gera esse erro com uma declaração `raise`:

```
raise NotImplementedError
```

```
NotImplementedError      Traceback (most recent call last)
<ipython-input-1-91639a24e592> in <module>()
----> 1 raise NotImplementedError
```

Declarações break

Use uma declaração break para encerrar um loop antes de sua condição de loop normal ser atendida. O loop e as declarações break são tratados no Capítulo 5.

Declarações continue

Use uma declaração continue para pular uma iteração do loop. Essas declarações também são tratadas no Capítulo 5.

Declarações import

Um dos recursos mais poderosos de escrever um *software* é a capacidade de reutilizar partes do código em diferentes contextos. O código Python pode ser salvo em arquivos (com a extensão .py); se esses arquivos são reutilizados, eles são referidos como *módulos*. Ao executar Python em uma sessão interativa ou como um programa independente, alguns recursos ficam disponíveis como recursos essenciais da linguagem, ou seja, você pode usá-los diretamente, sem uma configuração adicional. Ao instalar Python, esses recursos essenciais são instalados, além da Biblioteca Padrão de Python. Essa biblioteca é uma série de módulos que você pode reunir em sua sessão Python para estender a funcionalidade. Para ter acesso a um desses módulos no código, use uma declaração import, que consiste na palavra-chave `import` e no nome do módulo a importar. O seguinte exemplo mostra como importar o módulo os, que é usado para interagir com o sistema operacional:

```
import os
```

Com o os importado, é possível usar a funcionalidade do módulo como se ele fosse predefinido. O módulo os tem uma função `listdir` que lista o conteúdo do diretório atual:

```
os.listdir()
['.config', 'sample_data']
```

Quando módulos ou grupos de módulos são preparados para uma distribuição maior, eles são referidos como "pacotes". Um dos aspectos interessantes do Python, sobretudo para ciência de dados, é o grande ecossistema de pacotes de terceiros. Esses pacotes podem ser locais para você ou sua organização, mas a maioria dos pacotes públicos é hospedada no

Python Package Index, pypi.org. Para usar um dos pacotes, primeiro é preciso instalá-los, em geral usando pip, o gerenciador de pacotes padrão do Python. Por exemplo, para instalar a famosa biblioteca Pandas útil para seu uso local, execute a seguinte na linha de comando:

```
pip install pandas
```

Então, importe-a para seu código:

```
import pandas
```

Você também pode dar um álias ao módulo durante a importação. Por exemplo, é uma convenção comum importar o Pandas como pd:

```
import pandas as pd
```

Também pode referenciar o módulo usando o álias, em vez do nome do módulo, como no exemplo:

```
pd.read_excel('/some_excel_file.xls')
```

Também é possível importar partes específicas de um módulo usando a palavra-chave from com import:

```
import os from path
path
<module 'posixpath' from '/usr/lib/python3.6/posixpath.py'>
```

Este exemplo importa o submódulo path a partir do módulo os. Agora você pode usar path em seu programa como se fosse definido por seu próprio código.

Declarações future

As declarações future permitem usar certos módulos que fazem parte de uma futura versão. Este livro não as cobre, pois raramente são usadas em ciência de dados.

Declarações global

O "escopo" em um programa se refere ao ambiente que compartilha definições de nomes e valores. Anteriormente você viu que, ao definir uma variável em uma declaração de atribuição, essa variável mantém seu nome e valor para as futuras declarações. Essas declarações compartilham o escopo. Ao começar a escrever funções (no Capítulo 6) e classes (no Capítulo 14), você encontrará escopos que não são compartilhados. Usar uma declaração global é um modo de compartilhar variáveis nos escopos (você aprenderá mais sobre as declarações globais no Capítulo 13).

Declarações nonlocal

Usar declarações nonlocal é outro modo de compartilhar variáveis no escopo. Sempre que uma variável global é compartilhada no módulo inteiro, uma declaração nonlocal inclui o escopo atual. As declarações nonlocal são valiosas apenas com vários escopos aninhados e você não deve precisar delas fora de situações muito especializadas, por isso o livro não as cobre.

Declarações print

Quando você trabalha em um ambiente interativo, como o shell Python, IPython ou, por extensão, um *notebook* Colab, pode usar declarações de expressão para ver o valor de qualquer expressão Python (*expressão* é uma parte do código que é avaliada como um valor). Em alguns casos, pode ser preciso gerar texto de outros modos, por exemplo, ao executar um programa na linha de comando ou em uma função de nuvem. O modo mais básico de exibir a saída em tais situações é usar uma declaração print. Por padrão, a função print gera texto no fluxo de saída. Você pode passar qualquer tipo predefinido ou a maioria dos outros objetos como argumentos a imprimir. Considere estes exemplos:

```
print(1)
1

print('a')
a
```

Também pode passar vários argumentos e eles serão impressos na mesma linha:

```
print(1,'b')
1 b
```

Pode usar um argumento opcional para definir o separador usado entre os itens quando vários argumentos são fornecidos:

```
print(1,'b',sep='->')
1->b
```

Pode até imprimir a própria função print:

```
print(print)
<built-in function print>
```

Realizando operações matemáticas básicas

É possível usar Python como uma calculadora. As operações matemáticas básicas são predefinidas na funcionalidade essencial. Você pode fazer cálculos em um *shell* interativo ou usar os resultados dos cálculos em um programa. Veja a seguir exemplos de adição, subtração, multiplicação, divisão e exponenciação em Python:

```
2 + 3
5

5 - 6
-1

3*4
12

9/3
3.0

2**3
8
```

Observe que a divisão retorna um número de ponto flutuante, mesmo que sejam usados inteiros. Se quiser limitar o resultado da divisão aos inteiros, use duas barras duplas, como neste exemplo:

5 / / 2
2

Outro operador prático é o módulo, que retorna o resto de uma divisão. Para realizar a operação módulo, use o sinal de porcentagem:

5%2
1

O módulo é útil ao determinar se um número é um fator de outro (no caso, o resultado é zero). Este exemplo usa a palavra-chave is para testar se o resultado do módulo é zero:

14 % 7 is 0
True

Você verá mais operadores matemáticos na Parte II, "Bibliotecas de Ciência de Dados".

Usando classes e objetos com notação de ponto

No Capítulo 14 você aprenderá a definir suas próprias classes e objetos. No momento, pode considerar um objeto como um pacote de funcionalidade com dados. A maioria das coisas em Python tem atributos ou métodos anexados. Para acessar os atributos ou os métodos de um objeto (ou seja, as funções anexadas a um objeto), use a sintaxe de ponto. Para acessar um atributo, basta usar um ponto após o nome do objeto, seguido do nome do atributo.

O seguinte exemplo mostra como acessar o atributo numerator de um inteiro:

a_number = 2
a_number.numerator

Você acessar os métodos do objeto de modo parecido, mas com parênteses. O seguinte exemplo usa o método to_bytes() do mesmo inteiro:

a_number.to_bytes(8, 'little')
b'\x02\x00\x00\x00\x00\x00\x00\x00'

Resumo

As linguagens de programação fornecem um meio de traduzir as instruções legíveis por pessoas em instruções do computador. Python usa diferentes tipos de declarações para dar instruções a um computador, com cada declaração descrevendo uma ação. Você pode combinar declarações para criar um *software*. Os dados sobre os quais as ações são obtidas são representados por vários tipos em Python, inclusive tipos predefinidos e tipos definidos por desenvolvedores e terceiros. Esses tipos têm suas próprias características, atributos e, em muitos casos, métodos que podem ser acessados usando a notação de ponto.

Perguntas

1. Com Python, qual é a saída de type(12)?
2. Ao usar Python, qual é o efeito de usar assert(True) nas declarações seguintes?
3. Como você usaria Python para chamar a exceção LastParamError?
4. Como usaria Python para imprimir a *string* "Hello"?
5. Como usa Python para elevar 2 à potência de 3?

3
Sequências

Erros usando dados inadequados são muito menores do que não usando nenhum dado.

Charles Babbage

Neste capítulo
- Operações de sequência compartilhadas
- Listas e tuplas
- *Strings* e métodos de *string*
- Intervalos

No Capítulo 2, "Fundamentos de Python", você aprendeu sobre coleções de tipos. Este capítulo apresenta o grupo de tipos predefinidos chamado de "sequência". Sequência é uma coleção finita ordenada. Você pode considerar uma sequência como uma prateleira na biblioteca, em que cada livro na prateleira tem um local e pode ser acessado com facilidade se você conhece o local. Os livros são ordenados, com cada livro (exceto os das extremidades) tendo livros antes e depois. É possível adicionar livros à prateleira, você pode removê-los e a prateleira pode estar vazia. Os tipos predefinidos que compõem uma sequência são listas, tuplas, *strings*, *strings* binárias e intervalos. Este capítulo cobre as características compartilhadas e as especificidades desses tipos.

Operações compartilhadas

A família de sequências compartilha um pouco da funcionalidade. Especificamente, há modos de usar as sequências que são aplicáveis à maioria dos membros do grupo. Existem operações que se relacionam às sequências com um comprimento finito, para acessar os itens em uma sequência e criar uma nova sequência com base no conteúdo dela.

Testando a associação

Você pode testar se um item é membro de uma sequência usando a operação `in`. Essa operação retorna `True` se a sequência contém um item avaliado como igual ao item em questão e retorna `False` do contrário. Veja a seguir exemplos de usar `in` com diferentes tipos de sequência:

```
'first' in ['first', 'second', 'third']
True

23 in (23,)
True

'b' in 'cat'
False

b'a' in b'ieojjza'
True
```

Você pode usar a palavra-chave `not` junto com `in` para verificar se falta algo na sequência:

```
'b' not in 'cat'
True
```

Os dois locais onde muito provavelmente você usará `in` e `not in` são em uma sessão interativa para explorar os dados e como parte de uma declaração `if` (veja o Capítulo 5, "Controle da Execução").

Indexando

Como uma sequência é uma série ordenada de itens, você pode acessar um item nela usando sua posição ou índice. Os índices iniciam em zero e aumentam até o número de itens menos um. Em uma sequência com oito itens, por exemplo, o primeiro item tem um índice zero e o último tem um índice sete.

Para acessar um item usando seu índice, use colchetes no número do índice. O seguinte exemplo define uma *string* e acessa suas primeira e última *substrings* usando os números do índice:

```
name = "Ignatius"
name[0]
'I'

name[4]
't'
```

Você também pode indexar contando de trás para frente a partir do final de uma sequência usando números de índice negativos:

```
name[-1]
's'

name[-2]
'u'
```

Fatiamento

Use índices para criar novas sequências que representam subsequências da original. Entre colchetes, forneça os números inicial e final do índice da subsequência separados por dois pontos e uma nova sequência será retornada:

```
name = "Ignatius"
name[2:5]
'nat'
```

A subsequência retornada contém itens que começam no primeiro índice e aumentam, mas não incluem, até o índice final. Se você omite o índice inicial, a subsequência inicia no começo da sequência-mãe; se omite o índice final, a subsequência segue até o final da sequência:

```
name[:5]
'Ignat'
```

```
name[4:]
'tius'
```

É possível usar números de índice negativos para criar fatiamentos contando a partir do final de uma sequência. Este exemplo mostra como obter as três últimas letras de uma *string*:

```
name[-3:]
'ius'
```

Se você quiser que um fatiamento pule os itens, pode fornecer um terceiro argumento indicando a contagem. Portanto, se tem uma lista com a sequência de inteiros, como mostrada antes, pode criar um fatiamento só usando os números inicial e final do índice:

```
scores = [0, 1, 2, 3, 4, 5, 6, 7, 8, 9, 10, 11, 12, 13, 14, 15, 16, 17, 18]
scores[3:15]
[3, 4, 5, 6, 7, 8, 9, 10, 11, 12, 13, 14]
```

Mas também pode indicar o intervalo usado, como contar de três em três:

```
scores[3:15:3]
[3, 6, 9, 12]
```

Para contar de trás para frente, use um intervalo negativo:

```
scores[18:0:-4]
[18, 14, 10, 6, 2]
```

Interrogação

Você pode fazer operações compartilhadas em sequências para obter informações sobre elas. Como uma sequência é finita, ela tem um comprimento que você pode encontrar usando a função len:

```
name = "Ignatius"
len(name)
8
```

É possível usar as funções min e max para encontrar os itens mínimo e máximo, respectivamente:

```
scores = [0, 1, 2, 3, 4, 5, 6, 7, 8, 9, 10, 11, 12, 13, 14, 15, 16, 17, 18]
min(scores)
0
```

```
max(name)
'u'
```

Esses métodos pressupõem que o conteúdo de uma sequência pode ser comparado de um modo que implica uma ordem. Para os tipos de sequência que permitem tipos de itens combinados, ocorre um erro se o conteúdo não pode ser comparado:

```
max(['Free', 2, 'b'])
-----------------------------------------------------------------
TypeError                               Traceback (most recent call last)
<ipython-input-15-d8babe38f9d9> in <module>()
----> 1 max(['Free', 2, 'b'])
TypeError: '>' not supported between instances of 'int' and 'str'
```

Você pode descobrir quantas vezes um item aparece em uma sequência usando o método count:

```
name.count('a')
1
```

Pode obter o índice de um item em uma sequência usando o método index:

```
name.index('s')
7
```

Pode usar o resultado do método index para criar um fatiamento para um item, como uma letra em uma *string*:

```
name[:name.index('u')]
'Ignati'
```

Operações matemáticas

Você pode fazer adição e multiplicação com sequências do mesmo tipo. Nesse caso, faz essas operações na sequência, não no conteúdo. Por exemplo, adicionar list [1] a list [2] produzirá a lista [1,2], não [3]. Veja um exemplo usando o operador (+) para criar uma nova *string* a partir de três *strings* separadas:

```
"prefix" + "-" + "postfix"
'prefix-postfix'
```

O operador de multiplicação (*) faz várias adições na sequência inteira, não no conteúdo:

```
[0,2] * 4
[0, 2, 0, 2, 0, 2, 0, 2]
```

É um modo útil de configurar uma sequência com valores padrão. Por exemplo, digamos que você queira controlar as pontuações para um número definido de participantes em uma lista. Pode iniciar a lista para que ela tenha uma pontuação inicial para cada participante usando a multiplicação:

```
num_participants = 10
scores = [0] * num_participants
scores
[0, 0, 0, 0, 0, 0, 0, 0, 0, 0]
```

Listas e tuplas

Listas e tuplas são sequências que podem manter qualquer tipo de objeto. Seu conteúdo pode ser uma combinação de tipos, portanto você pode ter *strings*, inteiros, instâncias, floats e qualquer outra coisa na mesma lista. Os itens nas listas e nas tuplas são separados por vírgulas. Os itens em uma lista ficam entre colchetes e os itens em uma tupla ficam entre parênteses. A principal diferença entre listas e tuplas é que as listas podem mudar, as tuplas não. Isso significa que você pode mudar o conteúdo de uma lista, mas assim que uma tupla é criada, ela não pode ser alterada. Se você quiser mudar o conteúdo de uma tupla, precisará criar uma nova com base no conteúdo da atual. Por causa da diferença da mutabilidade, as listas são mais funcionais que as tuplas, e também usam mais memória.

Criando listas e tuplas

Você cria uma lista usando o construtor de listas, `list()`, ou a sintaxe de colchetes. Para criar uma lista com valores iniciais, por exemplo, basta fornecer os valores entre colchetes:

```
some_list = [1,2,3]
some_list
[1, 2, 3]
```

Você pode criar tuplas usando o construtor `tuple()` ou com parênteses. Se quiser criar uma tupla com um item, deve colocar uma vírgula após o item ou Python interpretará os parênteses não como indicando uma tupla, mas um grupo lógico. Também pode criar uma tupla sem parênteses apenas colocando uma vírgula após um item. A Listagem 3.1 dá exemplos da criação de tuplas.

Listagem 3.1   Criando Tuplas

```
tup = (1,2)
tup
(1,2)

tup = (1,)
tup
(1,)

tup = 1,2,
tup
(1,2)
```

> **Aviso**
>
> Um erro comum, mas sutil, ocorre ao esquecer uma vírgula à direita de um argumento para uma função. Isso transforma o argumento em uma tupla contendo o argumento original. Portanto, o segundo argumento para a função my_function(1, 2,) será (2,) e não 2.

Você também pode usar construtores de lista ou tupla com uma sequência como argumento. O seguinte exemplo usa uma *string* e cria uma lista de itens que a *string* contém:

```
name = "Ignatius"
letters = list(name)
letters
['I', 'g', 'n', 'a', 't', 'i', 'u', 's']
```

Adicionando e removendo itens da lista

É possível adicionar e remover itens de uma lista. Para conceitualizar como funciona, considere uma lista como uma pilha de livros. O modo mais eficiente de adicionar itens a uma lista é usar o método append, que adiciona um item ao final da lista, tão fácil quanto adicionar um livro ao topo da pilha. Para adicionar um item em uma posição diferente na lista, use o método insert, com o número do índice onde deseja posicionar o novo item como argumento. É menos eficiente do que usar o método append, pois os outros itens na lista podem precisar se mover para abrir espaço para o novo item; porém, em geral é um problema apenas em listas muito grandes. A Listagem 3.2 mostra exemplos de anexação e inserção.

Listagem 3.2 Anexando e Inserindo Itens da Lista

```
flavours = ['Chocolate', 'Vanilla']
flavours
['Chocolate', 'Vanilla']

flavours.append('SuperFudgeNutPretzelTwist')
flavours
['Chocolate', 'Vanilla', 'SuperFudgeNutPretzelTwist']

flavours.insert(0,"sourMash")
flavours
['sourMash', 'Chocolate', 'Vanilla', 'SuperFudgeNutPretzelTwist']
```

Para remover um item da lista, use o método pop. Sem argumento, esse método remove o último item. Usando um argumento do índice opcional, você pode especificar determinado item. Em qualquer caso, o item é removido da lista e retornado.

O seguinte exemplo tira o último item da lista e tira o item no índice 0. Veja que os dois itens são retornados quando retirados, então saem da lista:

```
flavours.pop()
'SuperFudgeNutPretzelTwist'
```

```
flavours.pop(0)
'sourMash'

flavours
['Chocolate', 'Vanilla']
```

Para adicionar o conteúdo de uma lista a outro, use o método extend:

```
deserts = ['Cookies', 'Water Melon']
desserts
['Cookies', 'Water Melon']

desserts.extend(flavours)
desserts
['Cookies', 'Water Melon', 'Chocolate', 'Vanilla']
```

Esse método modifica a primeira lista para que agora ela tenha o conteúdo da segunda lista anexado ao seu conteúdo.

> ### Inicialização da Lista Aninhada
>
> Existe um erro capcioso que derruba os desenvolvedores Python iniciantes. Ele envolve combinar a mutabilidade da lista com a natureza das sequências de multiplicação. Se você deseja iniciar uma lista contendo quatro sublistas, pode tentar multiplicar uma lista em uma lista assim:
>
> ```
>     lists = [[]] * 4
>     lists
>     [[], [], [], []]
> ```
>
> Parece que funciona, até você modificar uma das sublistas:
>
> ```
>     lists[-1].append(4)
>     lists
>     [[4], [4], [4], [4]]
> ```
>
> Todas as sublistas são modificadas! É porque a multiplicação só inicializa uma lista e a referência quatro vezes. As referências parecem independentes até você tentar modificar uma. A solução é usar uma compreensão de listas (mais detalhada no Capítulo 13, "Programação Funcional"):
>
> ```
>     lists = [[] for _ in range(4)]
>     lists[-1].append(4)
>     lists
>      [[], [], [], [4]]
> ```

Descompactando

É possível atribuir valores a diversas variáveis a partir de uma lista ou uma tupla em uma linha:

```
a, b, c = (1,3,4)
a
1
```

```
b
3

c
4
```

Ou se quiser atribuir diversos valores a uma variável enquanto atribui valores únicos a outras, pode usar um * ao lado da variável que terá diversos valores. Então essa variável absorverá todos os itens não atribuídos às outras variáveis:

```
*first, middle, last = ['horse', 'carrot', 'swan', 'burrito', 'fly']
first
['horse', 'carrot', 'swan']

last
'fly'

middle
'burrito'
```

Classificando listas

Para as listas, use os métodos sort e reverse predefinidos que podem mudar a ordem do conteúdo. Muito parecidos com as funções min e max, esses métodos funcionam apenas se o conteúdo puder ser comparado, como nestes exemplos:

```
name = "Ignatius"
letters = list(name)
letters
['I', 'g', 'n', 'a', 't', 'i', 'u', 's']

letters.sort()
letters
['I', 'a', 'g', 'i', 'n', 's', 't', 'u']

letters.reverse()
letters
['u', 't', 's', 'n', 'i', 'g', 'a', 'I']
```

Strings

String é uma sequência de caracteres. Em Python, as *strings* são Unicode por padrão e qualquer caractere Unicode pode fazer parte de uma string. As *strings* são representadas como caracteres entre aspas. As aspas simples e as duplas funcionam, e as *strings* criadas com elas são iguais:

```
'Here is a string'
'Here is a string'

"Here is a string" == 'Here is a string'
True
```

Se você desejar incluir aspas em uma palavra ou palavras em uma *string*, precisará usar um tipo de aspa (simples ou dupla) para colocar na palavra ou nas palavras, e usar outro tipo de aspa para colocar na *string* inteira. O exemplo a seguir mostra a palavra *is* com aspas duplas e a *string* inteira com aspas simples:

```
'Here "is" a string'
'Here "is" a string'
```

Você coloca as *strings* com várias linhas em três conjuntos de aspas duplas, como mostrado no próximo exemplo:

```
a_very_large_phrase = """
Wikipedia is hosted by the Wikimedia Foundation,
a non-profit organization that also hosts a range of other projects.
"""
```

Nas *strings* Python, é possível usar caracteres especiais, cada um precedido por barra invertida. Os caracteres especiais incluem \t para tabulação, \r para mudança de linha e \n para nova linha. Esses caracteres são interpretados com um significado especial durante a impressão. Embora tais caracteres sejam normalmente úteis, eles podem ser inconvenientes se você está representando um caminho do Windows:

```
windows_path = "c:\row\the\boat\now"
print(windows_path)

ow heoat
    ow
```

Para tais situações, use o tipo de *string* bruta de Python, que interpreta todos os caracteres literalmente. Você indica a *string* bruta prefixando-a com r:

```
windows_path = r"c:\row\the\boat\now"
print(windows_path)
c:\row\the\boat\now
```

Como demonstrado na Listagem 3.3, há inúmeras funções auxiliares de *string* que permitem lidar com diferentes letras maiúsculas e minúsculas.

Listagem 3.3 Funções Auxiliares de String

```
captain = "Patrick Tayluer"
captain
'Patrick Tayluer'

captain.capitalize()
'Patrick tayluer'

captain.lower()
'patrick tayluer'

captain.upper()
'PATRICK TAYLUER'

captain.swapcase()
'pATRICK tAYLUER'
```

```
captain = 'patrick tayluer'
captain.title()
'Patrick Tayluer'
```

Python 3.6 introduziu as *strings* de formato ou f-*strings*. Você pode inserir valores nas f-*strings* durante a execução usando campos de substituição, que são delimitados por chaves. Pode inserir qualquer expressão, inclusive variáveis, no campo de substituição. Uma f-*string* é prefixada com F ou f, como mostrado neste exemplo:

```
strings_count = 5
frets_count = 24
f"Noam Pikelny's banjo has {strings_count} strings and {frets_count} frets"
'Noam Pikelny's banjo has 5 strings and 24 frets'
```

Este exemplo mostra como inserir uma expressão matemática no campo de substituição:

```
a = 12
b = 32
f"{a} times {b} equals {a*b}"
'12 times 32 equals 384'
```

Este exemplo mostra como inserir itens de uma lista no campo de substituição:

```
players = ["Tony Trischka", "Bill Evans", "Alan Munde"]
f"Performances will be held by {players[1]}, {players[0]}, and {players[2]}"
'Performances will be held by Bill Evans, Tony Trischka, and Alan Munde'
```

Intervalos

Usar objetos de intervalo é um modo eficiente de representar uma série de números, ordenados por valor. São muito usados para especificar o número de vezes em que o loop deve ser executado. O Capítulo 5 apresenta os loops. Os objetos de intervalo podem ter argumentos iniciais (opcional), finais e de passos (opcional). Muito parecido com o fatiamento, o início é incluído no intervalo, o final não. Também parecido com o fatiamento, é possível usar passos negativos para a contagem regressiva. Os intervalos calculam os números conforme você os solicita e não é preciso armazenar mais memória para grandes intervalos. A Listagem 3.4 demonstra como criar intervalos com e sem argumentos opcionais. Essa listagem cria listas a partir dos intervalos para que você possa ver o conteúdo completo que o intervalo forneceria.

Listagem 3.4   Criando Intervalos

```
range(10)
range(0, 10)

list(range(1, 10))
[1, 2, 3, 4, 5, 6, 7, 8, 9]

list(range(0,10,2))
[0, 2, 4, 6, 8]
```

```
list(range(10, 0, -2))
[10, 8, 6, 4, 2]
```

Resumo

Este capítulo cobre o grupo de importação dos tipos conhecidos como sequências. Sequência é uma coleção finita e ordenada de itens. Listas e tuplas podem conter tipos combinados. As listas podem ser modificadas após a criação, mas as tuplas não. *Strings* são sequências de texto. Objetos de intervalo são usados para descrever intervalos de números. Listas, *strings* e intervalos estão entre os tipos mais usados em Python.

Perguntas

1. Como você testaria se a está na lista `my_list`?
2. Como descobriria quantas vezes b aparece em uma *string* denominada `my_string`?
3. Como adicionaria a ao final da lista `my_list`?
4. As *strings* `'superior'` e `"superior"` são iguais?
5. Como seria criado um intervalo que vai de 3 a 13?

4

Outras estruturas de dados

O raciocínio estatístico um dia será tão necessário para o cidadão eficiente quanto a capacidade de ler e escrever.

Samuel S. Wilks

Neste capítulo

- Criando dicionários
- Acessando e atualizando o conteúdo do dicionário
- Criando conjuntos
- Operações de conjunto

A representação ordenada dos dados é poderosa, mas outras representações também são possíveis. Dicionários e conjuntos são estruturas de dados que não contam com a ordem dos dados. Ambos são modelos eficientes que fazem parte da caixa de ferramentas Python.

Dicionários

Imagine que você esteja fazendo um estudo para determinar se há uma correlação entre a altura e a nota média (GPA). Você precisa de uma estrutura de dados para representar os dados de um aluno individual, inclusive o nome, a altura e a nota média da pessoa. É possível armazenar as informações em uma lista ou uma tupla. Mas teria que controlar qual índice representa qual parte dos dados. Uma representação melhor seria rotular os dados para não ser necessário rastrear a conversão do índice em atributo. Você pode usar dicionários para armazenar os dados como pares de chave/valor. Cada item ou valor em um dicionário é acessado usando uma chave. Essa pesquisa é muito eficiente e muito mais rápida do que pesquisar uma longa sequência.

Com um par de chave/valor, a chave e o valor são separados por dois pontos. Você pode representar diversos pares de chave/valor, separados por vírgulas e entre chaves. Então, um dicionário para o histórico escolar ficaria assim:

```
{ 'name': 'Betty', 'height': 62,'gpa': 3.6 }
```

As chaves para esse dicionário são as *strings* 'name', 'height' e 'gpa'. Cada chave aponta para uma parte do dado: 'name' aponta para a *string* 'Betty', 'height' aponta para o inteiro 62 e 'gpa' aponta para o número de ponto flutuante 3.6. Os valores podem ser de qualquer tipo, embora existam algumas restrições para o tipo de chave, como será visto posteriormente no capítulo.

Criando dicionários

Você pode criar dicionários com ou sem dados iniciais. Pode criar um dicionário vazio usando o método construtor dict() ou basta usar as chaves:

```
dictionary = dict()
dictionary
{}

dictionary = {}
dictionary
{}
```

O primeiro exemplo cria um dicionário vazio usando o método construtor dict() e atribui esse dicionário a uma variável denominada dictionary. O segundo exemplo cria um dicionário vazio usando chaves e também atribui à mesma variável. Cada exemplo produz um dicionário vazio, representado por chaves vazias.

Você também pode criar dicionários inicializados com dados. Uma opção para isso é passar as chaves e os valores como parâmetros nomeados, como no exemplo:

```
subject_1 = dict(name='Paula', height=64, gpa=3.8, ranking=1)
```

Uma alternativa é passar pares de chave/valor para o construtor como uma lista ou uma tupla de listas ou tuplas, com cada sublista sendo um par de chave/valor:

```
subject_2 = dict([['name','Paula'],['height',64],['gpa',3.8]],['ranking',1])
```

Uma terceira opção é criar um dicionário usando chaves, com as chaves e os valores combinados usando dois pontos e separados com vírgulas:

```
subject_3 = {'name':'Paula', 'height':64, 'gpa':3.8, 'ranking':1}
```

Esses três métodos criam dicionários que são avaliados do mesmo modo, contanto que as mesmas chaves e valores sejam usados:

```
subject_1 == subject_2 == subject_3
True
```

Acessando, adicionando e atualizando com chaves

As chaves do dicionário fornecem um meio de acessar e alterar os dados. Em geral você acessa os dados pela chave relevante entre colchetes, de modo muito parecido como acessa os índices nas sequências:

```
student_record = {'name':'Paula', 'height':64, 'gpa':3.8}
student_record['name']
'Paula'
```

```
student_record['height']
64

student_record['gpa']
3.8
```

Se quiser adicionar um novo par de chave/valor a um dicionário existente, poderá atribuir o valor ao espaço (slot) usando a mesma sintaxe:

```
student_record['applied'] = '2019-10-31'
student_record
{'name':'Paula',
 'height':64,
 'gpa':3.8,
 'applied': '2019-10-31'}
```

Agora o novo par de chave/valor está contido no dicionário original.

Se você quiser atualizar o valor de uma chave existente, também pode usar a sintaxe de colchetes:

```
student_record['gpa'] = 3.0
student_record['gpa']
3.0
```

Um modo prático de aumentar um dado numérico é usando o operador +=, que é um atalho para atualizar um valor adicionando a ele:

```
student_record['gpa'] += 1.0
student_record['gpa']
4.0
```

Removendo itens dos dicionários

Por vezes, é preciso remover os dados, por exemplo, quando um dicionário inclui PII (informação de identificação pessoal). Digamos que seus dados incluem a ID de um aluno, mas essa ID é irrelevante para um estudo em particular. Para preservar a privacidade do aluno, você pode atualizar o valor da ID para None:

```
student_record = {'advisor': 'Pickerson',
                  'first': 'Julia',
                  'gpa': 4.0,
                  'last': 'Brown',
                  'major': 'Data Science',
                  'minor': 'Math'}
student_record['id'] = None
student_record
{'advisor': 'Pickerson',
 'first': 'Julia',
 'gpa': 4.0,
 'id': None,
 'last': 'Brown',
 'major': 'Data Science',
 'minor': 'Math'}
```

Isso evitaria que alguém use a ID.

Uma opção seria remover o par de chave/valor usando a função del(). Essa função obtém o dicionário com a chave entre colchetes como um argumento e remove o devido par de chave/valor:

```
del(student_record['id'])
student_record
{'advisor': 'Pickerson',
 'first': 'Julia',
 'gpa': 4.0,
 'last': 'Brown',
 'major': 'Data Science',
 'minor': 'Math'}
```

> **Nota**
> Claro, para realmente proteger a identidade da pessoa, você deve remover o nome dela além de qualquer outra PII.

Exibições de dicionário

Exibições de dicionário são objetos que oferecem insights em um dicionário. Há três exibições: dict_keys, dict_values e dict_items. Cada exibição permite ver o dicionário de uma perspectiva diferente.

Os dicionários têm um método keys(), que retorna um objeto dict_keys. Esse objeto dá acesso às chaves atuais do dicionário:

```
keys = subject_1.keys()
keys
dict_keys(['name', 'height', 'gpa', 'ranking'])
```

O método values() retorna um objeto dict_values, que dá acesso aos valores armazenados no dicionário:

```
values = subject_1.values()
values
dict_values(['Paula', 64, 4.0, 1])
```

O método items() retorna um objeto dict_items, que representa os pares de chave/valor em um dicionário:

```
items = subject_1.items()
items
dict_items([('name', 'Paula'), ('height', 64), ('gpa', 4.0), ('ranking', 1)])
```

Você pode testar a associação em qualquer uma dessas exibições usando o operador in. Este exemplo mostra como verificar se a chave 'ranking' é usada no dicionário:

```
'ranking' in keys
True
```

Este exemplo mostra como verificar se o inteiro 1 é um dos valores no dicionário:

```
1 in values
True
```

Este exemplo mostra como verificar se o mapeamento do par de chave/valor 'ranking' é 1:

```
('ranking',1) in items
True
```

Iniciando Python 3.8, as exibições de dicionário são dinâmicas. Isso significa que se você mudar um dicionário após adquirir uma exibição, a exibição refletirá as novas alterações. Por exemplo, digamos que você queira excluir um par de chave/valor do dicionário cujas exibições são acessadas acima, como aqui:

```
del(subject_1['ranking'])
subject_1
{'name': 'Paula', 'height': 64, 'gpa': 4.0}
```

O par de chave/valor é também excluído dos objetos de exibição:

```
'ranking' in keys
False

1 in values
False

('ranking',1) in items
False
```

Todo tipo de exibição de dicionário tem um comprimento, que você pode acessar usando a mesma função len utilizada nas sequências:

```
len(keys)
3

len(values)
3

len(items)
3
```

A partir do Python 3.8, você pode usar a função reversed em uma exibição dict_key para obter uma exibição na ordem inversa:

```
keys
dict_keys(['name', 'height', 'gpa'])

list(reversed(keys))
['gpa', 'height', 'name']
```

As exibições dict_key são objetos parecidos com conjuntos, ou seja, muitas operações de conjunto funcionarão nelas. Este exemplo mostra como criar dois dicionários:

```
admission_record = {'first':'Julia',
                    'last':'Brown',
                    'id': 'ax012E4',
                    'admitted': '2020-03-14'}
```

```
student_record = {'first':'Julia',
                  'last':'Brown',
                  'id': 'ax012E4',
                  'gpa':3.8,
                  'major':'Data Science',
                  'minor': 'Math',
                  'advisor':'Pickerson'}
```

Então é possível testar a igualdade das chaves:

```
admission_record.keys() == student_record.keys()
False
```

Você também pode procurar uma diferença simétrica:

```
admission_record.keys() ^ student_record.keys()
{'admitted', 'advisor', 'gpa', 'major', 'minor'}
```

Veja como procurar uma interseção:

```
admission_record.keys() & student_record.keys()
{'first', 'id', 'last'}
```

Veja como procurar uma diferença:

```
admission_record.keys() - student_record.keys()
{'admitted'}
```

Veja como procurar uma união:

```
admission_record.keys() | student_record.keys()
{'admitted', 'advisor', 'first', 'gpa', 'id', 'last', 'major', 'minor'}
```

> **Nota**
> Você aprenderá mais sobre conjuntos e operações de conjunto na próxima seção.

O uso mais comum das exibições key_item é iterar um dicionário e fazer uma operação com cada par de chave/valor. O seguinte exemplo usa um loop for (veja o Capítulo 5, "Controle da Execução") para imprimir cada par:

```
for k,v in student_record.items():
    print(f"{k} => {v}")
first => Julia
last => Brown
gpa => 4.0
major => Data Science
minor => Math
advisor => Pickerson
```

Você pode fazer loops semelhantes com dict_keys ou dict_values, quando requerido.

Verificando para Saber Se um Dicionário Tem uma Chave

Use `dict_key` e o operador `in` para verificar se uma chave é usada no dicionário:

```
'last' in student_record.keys()
True
```

Como atalho, você também pode testar uma chave sem chamar explicitamente a exibição `dict_key`. Ao contrário, basta usar `in` diretamente no dicionário:

```
'last' in student_record
True
```

Isso também funciona se você deseja iterar as chaves de um dicionário. Não é preciso acessar a exibição `dict_key` diretamente:

```
for key in student_record:
    print(f"key: {key}")
 key: first
 key: last
 key: gpa
 key: major
 key: minor
 key: advisor
```

Método `get`

Tentar acessar uma chave que não está no dicionário usando a sintaxe de colchetes gera erro:

```
student_record['name']
---------------------------------------------------------------------------
KeyError                                  Traceback (most recent call last)
<ipython-input-18-962c04650d3e> in <module>()
----> 1 student_record['name']
KeyError: 'name'
```

Esse tipo de erro paralisa a execução do programa que roda fora de um *notebook*. Um modo de evitar tais erros é testar se a chave está no dicionário antes de acessar:

```
if 'name' in student_record:
    student_record['name']
```

Este exemplo usa uma declaração `if` que acessa a chave 'name' apenas se ela existe no dicionário (para saber mais sobre as declarações `if`, veja o Capítulo 5).

Por conveniência, os dicionários têm um método, `get()`, para acessar com segurança as chaves ausentes. Por padrão, esse método retorna uma constante `None` se a chave não existir:

```
print( student_record.get('name') )
None
```

Você também pode fornecer um segundo argumento, que é o valor a retornar no caso de chaves ausentes:

```
student_record.get('name', 'no-name')
'no-name'
```

Também pode encadear várias declarações get:

```
student_record.get('name', admission_record.get('first', 'no-name'))
'Julia'
```

Este exemplo tenta obter o valor da chave 'name' no dicionário student_record e, se não existe, tenta obter o valor da chave 'first' no dicionário admission_record e, se não existe, retorna o valor padrão 'no-name'.

Tipos de chaves válidos

Você pode mudar os valores de alguns objetos, mas outros têm valores estáticos. Os objetos cujos valores podem ser alterados são referidos como mutáveis. Como já visto, as listas são objetos mutáveis; outros objetos cujo valor pode ser alterado também são mutáveis. Por outro lado, não é possível mudar o valor dos objetos imutáveis. Tais objetos incluem inteiros, *strings*, objetos de intervalo, *strings* binárias e tuplas.

Os objetos imutáveis, com exceção de certas tuplas, podem ser usados como chaves nos dicionários:

```
{ 1         : 'an integer',
  'string'  : 'a string',
  ('item',) : 'a tuple',
  range(12) : 'a range',
  b'binary' : 'a binary string' }
```

Os objetos mutáveis, como listas, não são chaves válidas para os dicionários. Se você tentar usar uma lista como uma chave, verá um erro:

```
{('item',): 'a tuple',
1: 'an integer',
b'binary': 'a binary string',
range(0, 12): 'a range',
'string': 'a string',
['a', 'list'] : 'a list key' }
-------------------------------------------------------------------------
TypeError                                 Traceback (most recent call last)
<ipython-input-31-1b0e555de2b5> in <module>()
----> 1 { ['a', 'list'] : 'a list key' }
TypeError: unhashable type: 'list'
```

Uma tupla cujo conteúdo é imutável pode ser usada como uma chave do dicionário. Portanto, tuplas de números, *strings* e outras tuplas são válidas como chaves:

```
tuple_key = (1, 'one', 1.0, ('uno',))
{ tuple_key: 'some value' }
{(1, 'one', 1.0, ('uno',)): 'some value'}
```

Se uma tupla contém um objeto mutável, como uma lista, então a tupla não é uma chave válida:

```
bad_tuple = ([1, 2], 3)
{ bad_tuple: 'some value' }
```

```
TypeError                                  Traceback (most recent call last)
<ipython-input-28-b2cddfdda91e> in <module>()
      1 bad_tuple = ([1, 2], 3)
----> 2 { bad_tuple: 'some value' }
TypeError: unhashable type: 'list'
```

Método hash

Considere um dicionário como armazenar valores em uma estrutura de lista indexada, com um método que mapeia de modo rápido e confiável os objetos de chave para os devidos números de índice. Esse método é conhecido como função hash e pode ser encontrado em objetos Python imutáveis, como o método __hash__(). É para ser usado internamente, mas pode ser chamado de forma direta:

```
a_string = 'a string'
a_string.__hash__()
4815474858255585337

a_tuple = 'a','b',
a_tuple.__hash__()
7273358294597481374

a_number = 13
a_number.__hash__()
13
```

Essa função hash usa o valor de um objeto para produzir uma saída consistente. Portanto para um objeto mutável, nenhum hash consistente pode ser produzido. Não é possível obter um hash de um objeto mutável, como uma lista:

```
a_list = ['a','b']
a_list.__hash__()
```

```
TypeError Traceback (most recent call last) <ipython-input-40-c4f99d4ea902> in <module>()
      1 a_list = ['a','b']
----> 2 a_list.__hash__()
TypeError: 'NoneType' object is not callable
```

Os dicionários e as listas estão entre as estruturas de dados mais usadas em Python. Eles fornecem ótimas maneiras de estruturar os dados para pesquisas significativas e rápidas.

> **Nota**
>
> Embora o mecanismo de busca com chave/valor não conte com uma ordem dos dados, a partir do Python 3.7, a ordem das chaves reflete a ordem na qual elas foram inseridas.

Conjuntos

A estrutura de dados de conjunto de Python é uma implementação dos conjuntos que você pode conhecer na matemática. *Conjunto* é uma coleção não ordenada de itens únicos. Considere um conjunto como um saco mágico que não permite objetos duplicados. Os itens nos conjuntos podem ter qualquer tipo de hash.

Um conjunto é representando em Python como uma lista de itens separados por vírgula entre chaves:

```
{ 1, 'a', 4.0 }
```

Você pode criar um conjunto usando o construtor set() ou chaves diretamente. Mas ao usar chaves vazias, você cria um dicionário vazio, não um conjunto vazio. Se quiser criar um conjunto vazio, deve usar o construtor set().

```
empty_set = set()
empty_set
set()

empty_set = {}
empty_set
{}
```

É possível criar um conjunto com valores iniciais usando o construtor ou chaves.

Você pode fornecer qualquer tipo de sequência como argumento e um conjunto será retornado com base nos itens únicos da sequência:

```
letters = 'a', 'a', 'a', 'b', 'c'
unique_letters = set(letters)
unique_letters
{'a', 'b', 'c'}

unique_chars = set('mississippi')
unique_chars
{'i', 'm', 'p', 's'}

unique_num = {1, 1, 2, 3, 4, 5, 5}
unique_num
{1, 2, 3, 4, 5}
```

Muito parecidos com as chaves do dicionário, os conjuntos misturam seu conteúdo para determinar a exclusividade. Portanto, o conteúdo de um conjunto deve ter o hash aplicado para ser imutável. Uma lista não pode ser membro de um conjunto:

```
bad_set = { ['a','b'], 'c' }
-------------------------------------------------------------------------
TypeError                                 Traceback (most recent call last)
    <ipython-input-12-1179bc4af8b8> in <module>()
----> 1 bad_set = { ['a','b'], 'c' }
TypeError: unhashable type: 'list'
```

Você pode adicionar itens a um conjunto usando o método add():

```
unique_num.add(6)
unique_num
{1, 2, 3, 4, 5, 6}
```

Pode usar o operador in para testar a associação em um conjunto:

```
3 in unique_num
True

3 not in unique_num
False
```

Pode usar a função len() para ver quantos itens tem um conjunto:

```
len(unique_num)
6
```

Como nas listas, pode remover e retornar um item de um conjunto usando o método pop():

```
unique_num.pop()
unique_num
{2, 3, 4, 5, 6}
```

Diferente das listas, não é possível contar com pop() para remover os itens de um conjunto em qualquer ordem em particular. Se você quiser remover certo item de um conjunto, pode usar o método remove():

```
students = {'Karl', 'Max', 'Tik'}
students.remove('Karl')
students
{'Max', 'Tik'}
```

Esse método não retorna o item removido. Se você tentar remover um item não encontrado no conjunto, verá um erro:

```
students.remove('Barb')
---------------------------------------------------------------------
KeyError                                  Traceback (most recent call last)
    <ipython-input-3-a36a5744ac05> in <module>()
----> 1 students.remove('Barb')
KeyError: 'Barb'
```

Você poderia escrever um código para testar se um item existe no conjunto antes de removê-lo, mas há uma função conveniente, discard(), que não gera um erro ao tentar remover um item ausente:

```
students.discard('Barb')
students.discard('Tik')
students
{'Max'}
```

É possível remover todo o conteúdo de um conjunto usando o método clear():

```
students.clear()
students
set()
```

Lembre-se que, como os conjuntos são desordenados, eles não suportam a indexação:

```
unique_num[3]
-------------------------------------------------------------------------
TypeError                                       Traceback (most recent call last)
<ipython-input-16-fecab0cd5f95> in <module>()
----> 1 unique_num[3]
TypeError: 'set' object does not support indexing
```

Teste a igualdade usando operadores de igualdade, = =, e de diferença, != (descritos no Capítulo 5). Como os conjuntos não têm ordem, os conjuntos criados a partir de sequências com os mesmos itens em diferentes ordens são iguais:

```
first = {'a','b','c','d'}
second = {'d','c','b','a'}
first == second
True

first != second
False
```

Operações de conjunto

Você pode realizar várias operações com conjuntos. Muitas operações de conjunto são oferecidas como métodos nos objetos do conjunto ou como operadores separados (<, <=, >, >=, &, | e ^). Os métodos do conjunto podem ser usados para realizar operações entre conjuntos e outros conjuntos, e também podem ser usados entre conjuntos e outros iteráveis (ou seja, tipos de dados que podem ser iterados). Os operadores de conjunto funcionam apenas entre conjuntos e outros conjuntos (ou *frozensets*).

Disjunto

Dois conjuntos são disjuntos se não têm itens em comum. Nos conjuntos de Python, você pode usar o método `disjoint()` para testar isso. Se você testa um conjunto de números pares com um conjunto de números ímpares, eles não compartilham números, daí o resultado de `disjoint()` ser True:

```
even = set(range(0,10,2))
even
{0, 2, 4, 6, 8}

odd = set(range(1,11,2))
odd
{1, 3, 5, 7, 9}

even.isdisjoint(odd)
True
```

Subconjunto

Se todos os itens em um conjunto, Conjunto B, podem ser encontrados em outro conjunto, Conjunto A, então o Conjunto B é um subconjunto do Conjunto A. O método subset() testa se o conjunto atual é um subconjunto de outro. O seguinte exemplo testa se o conjunto de múltiplos positivos de 3 abaixo de 21 é um subconjunto de inteiros positivos abaixo de 21:

```
nums = set(range(21))
nums
{0, 1, 2, 3, 4, 5, 6, 7, 8, 9, 10, 11, 12, 13, 14, 15, 16, 17, 18, 19, 20}

threes = set(range(3,21,3))
threes
{3, 6, 9, 12, 15, 18}

threes.issubset(nums)
True
```

Você pode usar o operador <= para testar se um conjunto à esquerda é um subconjunto de um conjunto à direita:

```
threes <= nums
True
```

Como já mencionado neste capítulo, a versão do método desse operador funciona com argumentos que não são conjuntos. O exemplo a seguir testa se um conjunto de múltiplos de 3 está no intervalo de 0 a 20:

```
threes.issubset(range(21))
True
```

O operador não funciona com um objeto que não é conjunto:

```
threes <= range(21)
-----------------------------------------------------------------------
TypeError                                 Traceback (most recent call last)
    <ipython-input-30-dbd51effe302> in <module>()
    ----> 1 threes <= range(21)
TypeError: '<=' not supported between instances of 'set' and 'range'
```

Subconjuntos próprios

Se todos os itens de um conjunto estão contidos em um segundo conjunto, mas nem todos os itens do segundo conjunto estão no primeiro conjunto, então o primeiro conjunto é um subconjunto próprio do segundo. Isso equivale a dizer que o primeiro conjunto é um subconjunto do segundo e que eles não são iguais. Você usa o operador < para testar os subconjuntos próprios:

```
threes < nums
True

threes < {'3','6','9','12','15','18'}
False
```

Superconjuntos e superconjuntos próprios

Superconjunto é o inverso de subconjunto: Se um conjunto contém todos os elementos de outro conjunto, ele é um subconjunto do segundo conjunto. Do mesmo modo, se um conjunto é um superconjunto de outro conjunto e eles não são iguais, então é um superconjunto próprio. Os conjuntos do Python têm um método issuperset(), que requer outro conjunto ou qualquer outro iterável como argumento:

```
nums.issuperset(threes)
True

nums.issuperset([1,2,3,4])
True
```

Você usa o operador maior ou igual a, >=, para testar os superconjuntos e o operador maior que, >, para testar os superconjuntos próprios:

```
nums >= threes
True

nums > threes
True

nums >= nums
True

nums > nums
False
```

União

A união de dois conjuntos resulta em um conjunto contendo todos os itens nos dois conjuntos. Para os conjuntos de Python, você pode usar o método union(), que funciona com conjuntos e outros iteráveis, e o operador de barra independente, |, que retorna a união dos dois conjuntos:

```
odds = set(range(0,12,2))
odds
{0, 2, 4, 6, 8, 10}

evens = set(range(1,13,2))
evens
{1, 3, 5, 7, 9, 11}

odds.union(evens)
{0, 1, 2, 3, 4, 5, 6, 7, 8, 9, 10, 11}

odds.union(range(0,12))
{0, 1, 2, 3, 4, 5, 6, 7, 8, 9, 10, 11}

odds | evens
{0, 1, 2, 3, 4, 5, 6, 7, 8, 9, 10, 11}
```

Interseção

A interseção de dois conjuntos é um conjunto contendo todos os itens compartilhados por ambos os conjuntos. Você pode usar o método intersection() ou o operador and, &, para fazer as interseções:

```
under_ten = set(range(10))
odds = set(range(1,21,2))
under_ten.intersection(odds)
{1, 3, 5, 7, 9}

under_ten & odds
{1, 3, 5, 7, 9}
```

Diferença

A diferença entre dois conjuntos são todos os itens no primeiro conjunto que não estão no segundo conjunto. Use o método difference() ou o operador de menos, -, para fazer a diferença do conjunto:

```
odds.difference(under_ten)
{11, 13, 15, 17, 19}

odds - under_ten
{11, 13, 15, 17, 19}
```

Diferença simétrica

A diferença simétrica de dois conjuntos é um conjunto contendo qualquer item contido em apenas um dos conjuntos originais. Os conjuntos do Python têm um método symmetric_difference() e o operador circunflexo, ^, para calcular a diferença simétrica:

```
under_ten = set(range(10))
over_five = set(range(5, 15))
under_ten.symmetric_difference(over_five)
{0, 1, 2, 3, 4, 10, 11, 12, 13, 14}

under_ten ^ over_five
{0, 1, 2, 3, 4, 10, 11, 12, 13, 14}
```

Atualizando os conjuntos

Os conjuntos de Python oferecem inúmeros modos de atualizar o conteúdo de um conjunto existente. Além de usar update(), que adiciona o conteúdo a um conjunto, você pode usar variações que atualizam com base nas diversas operações do conjunto.

O seguinte exemplo mostra como atualizar a partir de outro conjunto:

```
unique_num = {0, 1, 2}
unique_num.update( {3, 4, 5, 7} )
unique_num
{0, 1, 2, 3, 4, 5, 7}
```

O exemplo a seguir mostra como atualizar a partir de uma lista:

```
unique_num.update( [8, 9, 10] )
unique_num
{0, 1, 2, 3, 4, 5, 7, 8, 9, 10}
```

Este exemplo mostra como atualizar a diferença em um intervalo:

```
unique_num.difference_update( range(0,12,2) )
unique_num
{1, 3, 5, 7, 9}
```

Este exemplo mostra como atualizar a interseção:

```
unique_num.intersection_update( { 2, 3, 4, 5 } )
unique num
{3, 5}
```

O exemplo mostra como atualizar a diferença simétrica:

```
unique_num.symmetric_difference_update( {5, 6, 7 } )
unique_num
{3, 6, 7}
```

O exemplo mostra como atualizar o operador de união:

```
unique_letters = set("mississippi")
unique_letters
{'i', 'm', 'p', 's'}

unique_letters |= set("Arkansas")
unique_letters
{'A', 'a', 'i', 'k', 'm', 'n', 'p', 'r', 's'}
```

O exemplo mostra como atualizar o operador de diferença:

```
unique_letters -= set('Arkansas')
unique_letters
{'i', 'm', 'p'}
```

O exemplo mostra como atualizar o operador de interseção:

```
unique_letters &= set('permanent')
unique_letters
{'m', 'p'}

unique_letters ^= set('mud') 2 unique_letters
{'d', 'p', 'u'}
```

Frozensets

Os conjuntos podem mudar; por isso, eles não podem ser usados como chaves de dicionário nem como itens nos conjuntos. Em Python, *frozensets* são objetos parecidos com conjuntos, mas são imutáveis. Use *frozensets* no lugar de conjuntos para qualquer operação que não muda seu conteúdo, como nestes exemplos:

```
froze = frozenset(range(10))
froze
frozenset({0, 1, 2, 3, 4, 5, 6, 7, 8, 9})

froze < set(range(21))
True

froze & set(range(5, 15))
frozenset({5, 6, 7, 8, 9})

froze ^ set(range(5, 15))
frozenset({0, 1, 2, 3, 4, 10, 11, 12, 13, 14})

froze | set(range(5,15))
frozenset({0, 1, 2, 3, 4, 5, 6, 7, 8, 9, 10, 11, 12, 13, 14})
```

Resumo

As estruturas predefinidas de Python oferecem vários modos de representar e organizar os dados. Dicionários e conjuntos são complementos para os tipos de sequência. Os dicionários mapeiam chaves e valores de um jeito eficiente. Os conjuntos implementam operações de conjunto matemáticas como estruturas de dados. Dicionários e conjuntos são ótimas escolhas quando a ordem não é o melhor princípio de operação.

Perguntas

1. Quais são os três modos de criar um dicionário com os seguintes pares de chave/valor: {'name': 'Smuah', 'height':62}
2. Como você atualizaria o valor associado à chave gpa no dicionário student para ser '4.0'?
3. Para o dicionário data, como você acessaria com segurança o valor da chave settings se essa chave estivesse ausente?
4. Qual é a diferença entre objetos mutável e imutável?
5. Como criar um conjunto a partir da *string* "lost and lost again"?

5

Controle da execução

Uma resposta estimada para o problema certo vale muito mais do que uma resposta exata para um problema estimado.

John Tukey

Neste capítulo

- Introdução às declarações compostas
- Operações de igualdade
- Operações de comparação
- Operações booleanas
- Declarações if
- Loops while
- Loops for

Até aqui, você viu declarações como unidades individuais, executadas em sequência, uma linha por vez. A programação fica muito mais eficiente e interessante quando você consegue agrupar as declarações para que sejam executadas como uma unidade. Declarações simples reunidas podem ter comportamentos mais complexos.

Declarações compostas

O Capítulo 2, "Fundamentos de Python", apresenta declarações simples, cada uma executando uma ação. Este capítulo examina as declarações compostas, que permitem controlar a execução de um grupo de declarações. Essa execução pode ocorrer apenas quando uma condição é verdadeira. As declarações compostas tratadas neste capítulo incluem os loops for, while e as declarações if, try e with.

Estrutura da declaração composta

Uma declaração composta consiste em uma declaração ou declarações de controle e um grupo de declarações cuja execução é controlada. Uma declaração de controle começa com uma palavra-

-chave indicando o tipo da declaração composta, uma expressão específica do tipo de declaração, então dois pontos:

```
<palavra-chave> <expressão>:
```

As declarações controladas podem ser agrupadas de dois modos. O primeiro, mais comum, é agrupá-las como um *bloco de código*, que é um grupo de declarações executadas juntas. Em Python, os blocos de código são definidos usando a indentação. Um grupo de declarações que compartilham a mesma indentação é reunido no mesmo bloco de código. O grupo termina quando há uma declaração que não está indentada como as outras. Essa declaração final não faz parte do bloco de código e será executada independentemente da declaração de controle. O bloco de código fica assim:

```
<declaração controle>:
    <declaração controlada 1>
    <declaração controlada 2>
    <declaração controlada 3>
<bloco final da declaração>
```

Usar a indentação para definir blocos de código é um dos recursos que diferenciam Python da maioria das outras linguagens populares, que usam outros mecanismos, como chaves, para agrupar o código.

Outro modo de agrupar as declarações controladas é listá-las diretamente após a declaração de controle e separar as declarações controladas com ponto e vírgula:

```
<declaração controle>:<declaração controlada 1>;<declaração controlada 2>;
```

Você deve usar esse segundo estilo apenas quando tem poucas declarações controladas e sente que limitar a declaração composta a uma linha irá melhorar, não atrapalhar, a legibilidade do programa.

Avaliando como True ou False

As declarações if, os loops while e for são todos declarações compostas que contam com uma expressão de controle que deve ser avaliada como True ou False. Por sorte, em Python quase tudo é avaliado como sendo igual a um dos dois. As quatro expressões predefinidas mais usadas como controles para as declarações compostas são as operações de igualdade, de comparação, booleanas e a avaliação do objeto.

Operações de igualdade

Python tem o operador de igualdade, ==, o operador de diferença, !=, e o operador de identidade is. Os operadores de igualdade e diferença comparam o valor de dois objetos e retornam uma das constantes True ou False. A Listagem 5.1 atribui duas variáveis com os valores inteiros 1 e outra com o valor 2. Então, usa o operador de igualdade para mostrar que as duas primeiras variáveis são iguais e a terceira, não. Faz o mesmo com o operador de diferença, cujos resultados são o contrário do operador de igualdade com as mesmas entradas.

Listagem 5.1   Operações de Igualdade

```
# Assign values to variables
a, b, c = 1, 1, 2
# Check if value is equal
a == b
True

a == c
False

a != b
False

a != c
True
```

Você pode comparar diferentes tipos de objetos usando os operadores de igualdade/diferença. Para os tipos numéricos, como floats e inteiros, os valores são comparados. Por exemplo, se você compara o inteiro 1 com o float 1.0, eles são avaliados como sendo iguais:

```
1 == 1.0
True
```

A maioria das outras comparações entre tipos retorna False, não importa o valor. Comparar uma *string* com um inteiro sempre retornará False, independentemente dos valores:

```
'1' == 1
False
```

Os formulários da web costumam apresentar toda a entrada do usuário como *strings*. Um problema comum ocorre ao tentar comparar a entrada do usuário de um formulário da web que representa um número, mas é do tipo *string* com um número real. A entrada de *string* sempre é avaliada como False quando comparada com um número, mesmo que a entrada seja uma versão de *string* com o mesmo valor.

Operações de comparação

Você usa operadores de comparação para comparar a ordem dos objetos. O que "a ordem" significa depende do tipo do objeto comparado. Para os números, a comparação é a ordem em uma reta numérica; e para as *strings*, o valor Unicode dos caracteres é usado. Os operadores de comparação são menor que (<), menor ou igual a (<=), maior que (>) e maior ou igual a (>=). A Listagem 5.2 demonstra o comportamento de vários operadores de comparação.

Listagem 5.2   Operações de Comparação

```
a, b, c = 1, 1, 2
a < b
False
```

```
a < c
True

a <= b
True

a > b
False

a >= b
True
```

Há casos em que você pode usar operadores de comparação entre objetos de diferentes tipos, como os tipos numéricos, mas a maioria das comparações cruzadas não é permitida. Se você usar um operador de comparação com outros tipos não comparáveis, como *string* e lista, ocorrerá um erro.

Operações booleanas

Os operadores booleanos são baseados na matemática booleana, que você aprendeu em uma aula de matemática ou filosofia. Essas operações foram formalizadas pela primeira vez pelo matemático George Boole no século XIX. Em Python, os operadores booleanos são and, or e not. Os operadores and e or têm dois argumentos cada; o operador not tem apenas um.

O operador and é avaliado como True se ambos os argumentos são avaliados como True; do contrário, é avaliado como False. O operador or é avaliado como True se um de seus argumentos é avaliado como True; do contrário, é avaliado como False. O operador not retorna True se seu argumento é avaliado como False; do contrário, é avaliado como False. A Listagem 5.3 demonstra esses comportamentos.

Listagem 5.3   Operações Booleanas

```
True and True
True

True and False
False

True or False
True

False or False
False

not False
True

not True
False
```

Os operadores and e or são operadores curtos, ou seja, eles apenas avaliarão a expressão de entrada quando for necessário para determinar a saída. Por exemplo, digamos que você tenha dois métodos returns_false() e returns_true(), e os utiliza como entrada para o operador and como a seguir:

```
returns_false() and returns_true()
```

Se returns_false() retornar False, returns_true() não será chamado, pois o resultado da operação and já foi determinado. Do mesmo modo, digamos que eles sejam usados como argumentos para a operação or, assim:

```
returns_true() or returns_false()
```

Nesse caso, o segundo método não será chamado se o primeiro retornar True.

O operador not sempre retorna uma das constantes booleanas True ou False. Os outros dois operadores booleanos retornam o resultado da última expressão avaliada. Isso é muito útil na avaliação de objetos.

Avaliação de objetos

Todos os objetos em Python são avaliados como True ou False. Isso significa que você pode usar objetos como argumentos para as operações booleanas. Os objetos avaliados como False são as constantes None e False, qualquer número com valor zero ou qualquer coisa com comprimento zero. Isso inclui as sequências vazias, como uma *string* vazia ("") ou uma lista vazia ([]). Quase todo o resto é avaliado como True.

Como o operador or retorna a última expressão avaliada, você pode usá-la para criar um valor padrão quando uma variável é avaliada como False:

```
a = ''
b = a or 'default value'
b
'default value'
```

Como o exemplo atribui a primeira variável a uma string vazia, com comprimento zero, essa variável é avaliada como False. O operador or avalia isso, então avalia e retorna a segunda expressão.

Declarações if

A declaração if é uma declaração composta. As declarações if permitem ramificar o comportamento do seu código dependendo do estado atual. Você pode usar uma declaração if para tomar uma ação apenas quando uma condição escolhida é atendida ou usar uma mais complexa para escolher entre várias ações, dependendo de várias condições. A declaração de controle começa com a palavra-chave if seguida de uma expressão (avaliada como True ou False), então dois pontos. As declarações controladas seguem na mesma linha separadas por pontos e vírgulas:

```
if True:message="It's True!";print(message)
It's True!
```

ou como um bloco de código indentado, separado por novas linhas:

```
if True:
    message="It's True"
    print(message)
It's True
```

Nos dois exemplos, a expressão de controle é simplesmente a constante reservada True, que sempre é avaliada como True. Existem duas declarações controladas: a primeira atribui uma *string* à mensagem da variável e a segunda imprime o valor dessa variável. Em geral, é mais legível usar a sintaxe de bloco, como no segundo exemplo.

Se a expressão de controle é avaliada como False, o programa continua a execução e pula a(s) declaração(ões) controlada(s):

```
if False:
    message="It's True"
    print(message)
```

Operador Walrus

Quando você atribui um valor a uma variável, Python não retorna um valor. Uma situação comum é fazer uma atribuição de variável e verificar o valor dela. Por exemplo, você pode atribuir a uma variável o valor retornado por uma função e se esse valor não for None, pode usar o objeto retornado. O método de pesquisa do módulo re de Python (mostrado no Capítulo 15, "Outros assuntos") retorna um objeto match se ele encontra uma correspondência na *string* e retorna None do contrário; portanto, se você deseja usar o objeto match, primeiro precisa assegurar que ele não seja None:

```
import re
s = '2020-12-14'
match = re.search(r'(\d\d\d\d)-(\d\d)-(\d\d)', s)
if match:
    print(f"Matched items: {match.groups(1)}")
else:
    print(f"No match found in {s}")
```

Python 3.8 introduziu um novo operador, o operador de atribuição (:=). Ele é referido como *operador walrus* devido à sua semelhança com a cabeça de uma morsa (walrus, em inglês). Ele atribui um valor a uma variável e retorna isso. Você poderia rescrever o exemplo match usando-o:

```
import re
s = '2020-12-14'
if match := re.search(r'(\d\d\d\d)-(\d\d)-(\d\d)', s):
    print(f"Matched items: {match.groups(1)}")
else:
    print(f"No match found in {s}")
```

Esse operador cria um código menos complicado e mais legível.

Veja um exemplo que usa um teste de associação como a expressão de controle:

```
snack = 'apple'
fruit = {'orange', 'apple', 'pear'}
if snack in fruit:
    print(f"Yeah, {snack} is good!"
Yeah, apple is good!
```

O exemplo verifica se o valor da variável snack está no conjunto fruit. Se está, uma mensagem de encorajamento é impressa.

Se você deseja executar um bloco de código alternativo quando a expressão de controle é False, pode usar uma declaração else. Ela consiste na palavra-chave else seguida de dois pontos e de um bloco de código que será executado apenas se a expressão de controle anterior for avaliada como False, o que permite ramificar a lógica no código. Considere isso como escolher quais ações tomar com base no estado atual. A Listagem 5.4 mostra uma declaração else adicionada à declaração if relacionada a snack. A segunda declaração print é executada apenas se a expressão de controle snack em fruit é False.

Listagem 5.4 Declarações else

```
snack = 'cake'
fruit = {'orange', 'apple', 'pear'}
if snack in fruit:
    print(f"Yeah, {snack} is good!")
else:
    print(f"{snack}!? You should have some fruit")
cake!? You should have some fruit
```

Se quiser ter várias ramificações no código, é possível aninhar as declarações if e else como mostrado na Listagem 5.5. Nesse caso, há três opções: uma se o saldo é positivo, outra se é negativo e uma terceira se é negativo.

Listagem 5.5 Declarações else Aninhadas

```
balance = 2000.32
account_status = None

if balance > 0:
    account_status = 'Positive'

else:
    if balance == 0:
        account_status = 'Empty'

    else:
        account_status = 'Overdrawn'

print(account_status)
Positive
```

Embora seja legítimo e funcione como deveria, é um pouco difícil de ler. Para fazer a mesma lógica de ramificação de modo mais conciso, use uma declaração `elif`. Esse tipo de declaração é adicionado após uma declaração inicial `if`. Tem uma expressão de controle própria, que será avaliada apenas se a expressão da declaração anterior for avaliada como `False`. A Listagem 5.6 realiza a mesma lógica da Listagem 5.5, mas tem as instruções `else` e `if` substituídas por `elif`.

Listagem 5.6 Declarações `elif`

```
balance = 2000.32
account_status = None

if balance > 0:
    account_status = 'Positive'
elif balance == 0:
    account_status = 'Empty'
else:
    account_status = 'Overdrawn'

print(account_status)
Positive
```

Encadeando várias declarações `elif` com uma declaração `if`, como na Listagem 5.7, você pode fazer escolhas complexas. Em geral, uma declaração `else` é adicionada ao final para capturar o caso em que todas as expressões de controle são `False`.

Listagem 5.7 Encadeando Declarações `elif`

```
fav_num = 13

if fav_num in (3,7):
    print(f"{fav_num} is lucky")
elif fav_num == 0:
    print(f"{fav_num} is evocative")
elif fav_num > 20:
    print(f"{fav_num} is large")
elif fav_num == 13:
    print(f"{fav_num} is my favorite number too")
else:
    print(f"I have no opinion about {fav_num}")
is my favorite number too
```

Loops `while`

Um loop `while` consiste na palavra-chave `while` seguida de uma expressão de controle, dois pontos e um bloco de código controlado. A declaração controlada em um loop `while` é executada apenas se a declaração de controle é avaliada como `True`; assim, é como uma declaração if. Mas diferente de if, o loop while continua repetidamente a executar o bloco controlado contanto que sua declaração de controle permaneça sendo True. Veja um loop while que é executado contanto que o contador da variável fique abaixo de cinco:

```
counter = 0
while counter < 5:
    print(f"I've counted {counter} so far, I hope there aren't more")
    counter += 1
```

Observe que a variável é aumentada a cada iteração. Isso assegura que o loop sairá. Veja a saída da execução do loop:

```
I've counted 0 so far, I hope there aren't more
I've counted 1 so far, I hope there aren't more
I've counted 2 so far, I hope there aren't more
I've counted 3 so far, I hope there aren't more
I've counted 4 so far, I hope there aren't more
```

Você pode ver que o loop é executado cinco vezes, aumentando a variável a cada vez.

> **Nota**
> É importante fornecer uma condição de saída ou o loop será repetido infinitamente.

Loops for

Os loops for são usados para iterar um grupo de objetos. Esse grupo pode ser uma sequência, um gerador, uma função ou qualquer outro objeto que possa ser iterado. Um objeto iterável é qualquer um que retorna uma série de itens, um por vez. Os loops for são normalmente usados para executar um bloco de código um número definido de vezes ou executar uma ação em cada membro da sequência. A declaração de controle de um loop for consiste na palavra-chave for, em uma variável, na palavra-chave in e no iterável seguido de dois pontos:

```
for <variável> in <iterável>:
```

A variável recebe o primeiro valor do iterável, o bloco controlado é executado com esse valor, então a variável recebe o próximo valor. Isso continua contanto que o iterável tenha valores para retornar.

Um modo comum de executar um bloco de código um número definido de vezes é usar um loop for com um objeto range como o iterável:

```
for i in range(6):
    j = i + 1
    print(j)
    1
    2
    3
    4
    5
    6
```

Este exemplo atribui os valores 0, 1, 2, 3, 4 e 5 à variável i, executado um bloco de código para cada.

Veja um exemplo de uso de uma lista como o iterável:

```
colors = ["Green", "Red", "Blue"]
for color in colors:
    print(f"My favorite color is {color}")
    print("No, wait...")
My favorite color is Green
No, wait...
My favorite color is Red
No, wait...
My favorite color is Blue
No, wait...
```

Cada item na lista é usado no bloco de código e quando não restam números, o loop sai.

Declarações break e continue

A declaração break fornece uma saída precoce de um loop while ou for. Quando a declaração é avaliada, o bloco atual paralisa a execução e o loop é encerrado. Em geral é usado junto com uma declaração if aninhada. A Listagem 5.8 mostra um loop cuja expressão de controle é sempre True. Uma declaração if aninhada chama break quando sua condição é atendida, terminando o loop nesse ponto.

Listagem 5.8   Declaração break

```
fish = ['mackerel', 'salmon', 'pike']
beasts = ['salmon', 'pike', 'bear', 'mackerel']
i = 0

while True:
    beast = beasts[i]
    if beast not in fish:
        print(f"Oh no! It's not a fish, it's a {beast}")
        break
    print(f"I caught a {beast} with my fishing net")
    i += 1
I caught a salmon with my fishing net
I caught a pike with my fishing net
Oh no! It's not a fish, it's a bear
```

A declaração continue pula uma iteração do loop quando é chamada. Também costuma ser usada junto com uma declaração if aninhada. A Listagem 5.9 demonstra o uso de uma declaração continue para pular a impressão dos nomes que não começam com a letra *b*.

Listagem 5.9 Declaração continue

```
for name in ['bob', 'billy', 'bonzo', 'fred', 'baxter']:
    if not name.startswith('b'):
            continue
    print(f"Fine fellow that {name}")
Fine fellow that bob
Fine fellow that billy
Fine fellow that bonzo
Fine fellow that baxter
```

Resumo

As declarações compostas, como as declarações if, os loops while e for são uma parte fundamental do código, além dos scripts simples. Com a capacidade de ramificar e repetir seu código, você pode formar blocos de ação que descrevem um comportamento complexo. Agora você tem ferramentas para estruturar um *software* mais complexo.

Perguntas

1. O que é impresso pelo seguinte código se uma variável é definida para uma lista vazia?
    ```
    if a:
            print(f"Hiya {a}")
    else:
            print(f"Biya {a}")
    ```
2. O que é impresso pelo código anterior se a variável a é definida para a *string* "Henry"?
3. Escreva um loop for que imprime números de 0 a 9, pulando 3, 5 e 7.

6
Funções

Em nosso desejo por medição, muitas vezes medimos o que podemos, em vez do que queremos medir... e esquecemos de que há uma diferença.

George Udny Yale

Neste capítulo

- Definindo funções
- *Docstrings*
- Parâmetros posicionais e de palavras-chave
- Parâmetros curinga
- Declarações return
- Escopo
- Decorators
- Funções anônimas

A última declaração composta, e talvez a mais poderosa, que analisamos é a função. As funções dão um modo de nomear um bloco de código integrado como um objeto. Esse código pode ser chamado usando esse nome, o que permite que o mesmo código seja chamado diversas vezes e em vários lugares.

Definindo funções

Uma definição de função estabelece um objeto de função, que integra o bloco executável. A definição não executa o bloco de código, mas define a função. A definição descreve como a função pode ser chamada, como é nomeada, quais parâmetros podem ser passados para ela e o que será executado quando chamada. Os blocos de construção de uma função são a declaração de controle, uma *docstring* opcional, o bloco de código controlado e uma declaração de retorno, return.

Declaração de controle

A primeira linha de uma definição de função é a declaração de controle, que tem a seguinte forma:

```
def <Nome Função> (<Parâmetros>):
```

A palavra-chave def indica uma definição de função, <Nome Função> é onde o nome usado para chamar a função é definido e <Parâmetros> é onde qualquer argumento que pode ser passado para a função é definido. Por exemplo, a seguinte função é definida com o nome do_nothing e um parâmetro nomeado not_used:

```
def do_nothing(not_used):
    pass
```

O bloco de código nesse caso consiste em uma declaração pass, que não faz nada. O guia de estilo de Python, PEP8, tem convenções para nomear as funções (veja https://www.python.org/dev/peps/pep-0008/#function-and-variable-names).

Docstrings

A próxima parte de uma definição de função é a *string* de documentação, ou *docstring*, que contém a documentação da função. Pode ser omitida e o computador Python não irá reclamar. Mas é recomendado fornecer uma docstring para tudo, exceto para os métodos mais óbvios. A *docstring* comunica suas intenções ao escrever uma função, o que a função faz e como deve ser chamada. O PEP8 fornece orientação em relação ao conteúdo das *docstrings* (https://www.python.org/dev/peps/pep-0008/#documentation-strings). A *docstring* consiste em uma *string* com uma linha ou diversas linhas entre três pares de aspas duplas que seguem imediatamente a declaração de controle:

```
def do_nothing(not_used):
    """This function does nothing."""
pass
```

Para uma *docstring* com uma linha, as aspas ficam na mesma linha do texto. Para uma *docstring* com várias linhas, as aspas costumam ficar acima e abaixo do texto, como na Listagem 6.1.

Listagem 6.1 Docstring com Várias Linhas

```
def do_nothing(not_used):
    """
    This function does nothing.
    This function uses a pass statement to
    avoid doing anything.
    Parameters:
        not_used - a parameter of any type,
                   which is not used.
    """
    pass
```

A primeira linha da *docstring* deve ser uma declaração resumindo o que a função faz. Com uma explicação mais detalhada, uma linha em branco é colocada após a primeira declaração. Há muitas convenções possíveis diferentes para o que vem depois da primeira linha de uma *docstring*, mas em geral você deseja dar uma explicação do que a função faz, quais parâmetros ela requer e o que deve retornar. A *docstring* é útil para alguém que lê seu código e para vários utilitários que leem e exibem a primeira linha ou a *docstring* inteira. Por exemplo, se você chama a função `help()` na função do_nothing(), a *docstring* é exibida como na Listagem 6.2.

Listagem 6.2 Docstring de `help`

```
help(do_nothing)
Help on function do_nothing in module __main__:
do_nothing(not_used)

This function does nothing.

This function uses a pass statement to avoid doing anything.

Parameters:
    not_used - a parameter of any type,
               which is not used.
```

Parâmetros

Os parâmetros permitem passar valores para uma função, que podem ser usados no bloco de código da função. Um parâmetro lembra uma variável dada a uma função quando chamada, em que os parâmetros podem ser diferentes sempre que você chama a função. Uma função não precisa aceitar nenhum parâmetro. Para uma função que não deve aceitar parâmetros, você deixa vazios os parênteses após o nome da função:

```python
def no_params():
    print("I don't listen to nobody")
```

Ao chamar uma função, você passa os valores dos parâmetros entre parênteses após o nome da função. Os valores do parâmetro podem ser definidos com base na posição em que são passados ou com base em palavras-chave. As funções podem ser definidas para exigir que seus parâmetros sejam passados ou combinados assim. Os valores passados para uma função são anexados às variáveis com os nomes determinados na definição da função. A Listagem 6.3 define três parâmetros: `first`, `second` e `third`. Essas variáveis ficam disponíveis para o bloco de código a seguir, que imprime os valores para cada parâmetro.

Listagem 6.3 Parâmetros por Posição ou Palavra-chave

```python
def does_order(first, second, third):
    '''Prints parameters.'''
    print(f'First: {first}')
    print(f'Second: {second}')
    print(f'Third: {third}')
```

```
does_order(1, 2, 3)
First: 1
Second: 2
Third: 3

does_order(first=1, second=2, third=3)
First: 1
Second: 2
Third: 3

does_order(1, third=3, second=2)
First: 1
Second: 2
Third: 3
```

A Listagem 6.3 define a função does_order(), e depois a chama três vezes. Na primeira vez, usa a posição dos argumentos, (1, 2, 3), para atribuir os valores da variável. Atribui o primeiro valor ao primeiro parâmetro, first, o segundo valor ao segundo parâmetro, second, e o terceiro ao terceiro parâmetro, third.

Na segunda vez que a listagem chama a função does_order(), ela usa a atribuição da palavra-chave, atribuindo explicitamente os valores usando os nomes do parâmetro, (first=1, second=2, third=3). Na terceira chamada, o primeiro é atribuído pela posição e os outros dois são atribuídos usando a atribuição da palavra-chave. Note que, em todos os casos, os parâmetros são atribuídos aos mesmos valores.

As atribuições da palavra-chave não contam com a posição dessas palavras. Por exemplo, você pode atribuir third=3 na posição antes de second=2 sem problemas. Não é possível usar uma atribuição da palavra-chave à esquerda de uma atribuição posicional:

```
does_order(second=2, 1, 3)
File "<ipython-input-9-eed80203e699>", line 1
    does_order(second=2, 1, 3)
                         ^
SyntaxError: positional argument follows keyword argument
```

Você pode requerer que um parâmetro seja chamado apenas usando o método da palavra-chave colocando * à esquerda na definição da função. Todos os parâmetros à direita do asterisco podem ser chamados apenas usando palavras-chave. A Listagem 6.4 mostra como tornar o parâmetro third um parâmetro de palavra-chave requerido, então chamá-lo usando a sintaxe da palavra-chave.

Listagem 6.4 Parâmetros que Requerem Palavras-Chave

```
def does_keyword(first, second, *, third):
    '''Prints parameters.'''
    print(f'First: {first}')
    print(f'Second: {second}')
    print(f'Third: {third}')
```

```
does_keyword(1, 2, third=3)
First: 1
Second: 2
Third: 3
```

Se você tentar chamar um parâmetro da palavra-chave requerido usando uma sintaxe posicional, obterá um erro:

```
does_keyword(1, 2, 3)
---------------------------------------------------------------------------
    TypeError Traceback (most recent call last)
<ipython-input-15-88b97f8a6c32> in <module>
----> 1 does_keyword(1, 2, 3)

TypeError: does_keyword() takes 2 positional arguments but 3 were given
```

É possível tornar opcional um parâmetro atribuindo um valor padrão a ele na definição da função. Esse valor será usado se nenhum valor for fornecido para o parâmetro durante a chamada da função. A Listagem 6.5 define uma função, does_defaults(), cujo terceiro parâmetro tem um valor padrão 3. Então a função é chamada duas vezes: primeiro usando a atribuição posicional para todos os três parâmetros, depois usando o valor padrão para o terceiro.

Listagem 6.5 Parâmetros com Padrões

```
def does_defaults(first, second, third=3):
    '''Prints parameters.'''
    print(f'First: {first}')
    print(f'Second: {second}')
    print(f'Third: {third}')

does_defaults(1, 2, 3)
First: 1
Second: 2
Third: 3

does_defaults(1, 2)
First: 1
Second: 2
Third: 3
```

Tal como a restrição na ordem dos argumentos da palavra-chave e da posição durante uma chamada da função, você não pode definir uma função com um parâmetro de valor padrão à esquerda de um parâmetro de valor não padrão:

```
def does_defaults(first=1, second, third=3):
    '''Prints parameters.'''
    print(f'First: {first}')
    print(f'Second: {second}')
    print(f'Third: {third}')
```

```
File "<ipython-input-19-a015eaeb01be>", line 1
    def does_defaults(first=1, second, third=3):
                               ^
SyntaxError: non-default argument follows default argument
```

Os valores padrão são estabelecidos na definição da função, não na chamada da função. Isso significa que se você usar um objeto mutável, como uma lista ou um dicionário, como um valor padrão, ele será criado apenas uma vez para a função. Sempre que chamar essa função usando o padrão, o mesmo objeto de lista ou dicionário será usado. Isso pode levar a problemas sutis se não for o esperado. A Listagem 6.6 define uma função com uma lista como o argumento padrão. O bloco de código anexa 1 à lista. Observe que sempre que a função é chamada, a lista mantém os valores das chamadas anteriores.

Listagem 6.6   Padrões Mutáveis

```
def does_list_default(my_list=[]):
    '''Uses list as default.'''
    my_list.append(1)
    print(my_list)

does_list_default()
[1]

does_list_default()
[1, 1]

does_list_default()
 [1, 1, 1]
```

Em geral, recomenda-se não usar objetos mutáveis como parâmetros padrão para evitar erros difíceis de rastrear e confusão. A Listagem 6.7 demonstra um padrão comum para lidar com os valores padrão para os tipos de parâmetro mutáveis. O valor padrão na definição da função é definido para None. O bloco de código testa se o parâmetro tem um valor atribuído. Se não tem, uma nova lista é criada e atribuída à variável. Como a lista é criada no bloco de código, uma nova lista é criada sempre que a função é chamada sem um valor fornecido para o parâmetro.

Listagem 6.7   Modelo Padrão em um Bloco de Código

```
def does_list_param(my_list=None):
    '''Assigns default in code to avoid confusion.'''
    my_list = my_list or []
    my_list.append(1)
    print(my_list)

does_list_param()
[1]

does_list_param()
[1]
```

```
does_list_param()
[1]
```

A partir de Python 3.8, você pode restringir os parâmetros à atribuição posicional apenas. Um parâmetro à esquerda da barra (/) em uma definição da função é restrito à atribuição posicional. A Listagem 6.8 define a função does_positional para que seu primeiro parâmetro, first, seja posicional somente.

Listagem 6.8 Parâmetros Posicionais Apenas (Python 3.8 e Posterior)

```
def does_positional(first, /, second, third):
    '''Demonstrates a positional parameter.'''
    print(f'First: {first}')
    print(f'Second: {second}')
    print(f'Third: {third}')

does_positional(1, 2, 3)
First: 1
Second: 2
Third: 3
```

Se você tentar chamar does_positional usando a atribuição da palavra-chave para first, verá um erro:

```
does_positional(first=1, second=2, third=3)
-------------------------------------------------------------------
TypeError Traceback (most recent call las t)
<ipython-input-24-7b1f45f64358> in <module>
----> 1 does_positional(first=1, second=2, third=3)
TypeError: does_positional() got some positional-only arguments passed as
keyword arguments: 'first'
```

A Listagem 6.9 modifica does_positional para usar parâmetros posicionais e de palavra-chave apenas. O parâmetro first é posicional apenas, o parâmetro second pode ser definido usando a atribuição posicional ou de palavra-chave, e o último, third, é de palavra-chave apenas.

Listagem 6.9 Parâmetros Posicional e de Palavra-Chave Apenas

```
def does_positional(first, /, second, *, third):
    '''Demonstrates a positional and keyword parameters.'''
    print(f'First: {first}')
    print(f'Second: {second}')
    print(f'Third: {third}')

does_positional(1, 2, third=3)
First: 1
Second: 2
Third: 3
```

Você pode usar curingas nas definições da função para aceitar um número indefinido de argumentos posicionais ou de palavras-chave. Isso costuma ser feito quando uma função chama uma função a partir de uma API externa. A função pode passar os argumentos sem requerer que todos os parâmetros da API externa sejam definidos.

Para usar um curinga para os parâmetros posicionais, use o caractere *. A Listagem 6.10 demonstra a definição de uma função com o parâmetro curinga posicional *args. O bloco de código recebe qualquer argumento posicional dado em uma chamada da função como itens em uma lista denominada args. Essa função percorre a lista e imprime cada item. Então a função é chamada com os argumentos 'Donkey', 3 e ['a'], cada um acessado na lista e impresso.

Listagem 6.10 Parâmetros Curinga Posicionais

```
def does_wildcard_positions(*args):
    '''Demonstrates wildcard for positional parameters.'''
    for item in args:
        print(item)

does_wildcard_positions('Donkey', 3, ['a'])
Donkey
3
['a']
```

Para definir uma função com parâmetros curinga da palavra-chave, defina um parâmetro que inicia com **. Por exemplo, a Listagem 6.11 define a função does_wildcard_keywords com o parâmetro **kwargs. No bloco de código, os parâmetros da palavra-chave ficam disponíveis como chaves e valores no dicionário kwargs.

Listagem 6.11 Parâmetros Curinga da Palavra-Chave

```
def does_wildcard_keywords(**kwargs):
    '''Demonstrates wildcard for keyword parameters.'''
    for key, value in kwargs.items():
        print(f'{key} : {value}')

does_wildcard_keywords(one=1, name='Martha')
one : 1
name : Martha
```

Você pode usar parâmetros curinga posicionais e de palavra-chave na mesma função: basta definir os parâmetros posicionais primeiro e os parâmetros de palavra-chave depois. A Listagem 6.12 demonstra uma função usando parâmetros posicional e de palavra-chave.

Listagem 6.12 Parâmetros Curinga Posicional e de Palavra-Chave

```
def does_wildcards(*args, **kwargs):
    '''Demonstrates wildcard parameters.'''
    print(f'Positional: {args}')
    print(f'Keyword: {kwargs}')
```

```
does_wildcards(1, 2, a='a', b=3)
Positional: (1, 2)
Keyword: {'a': 'a', 'b': 3}
```

Declarações return

As declarações de retorno (return) definem com qual valor uma função é avaliada quando chamada. Uma declaração return consiste na palavra-chave return seguida de uma expressão. A expressão pode ser um valor simples, um cálculo mais complicado ou uma chamada para outra função. A Listagem 6.13 define uma função que tem um número como argumento e retorna esse número mais 1.

Listagem 6.13 Valor de Retorno

```
def adds_one(some_number):
    '''Demonstrates return statement.'''
    return some_number + 1

adds_one(1)
2
```

Toda função Python tem um valor de retorno. Se você não definir uma declaração return explicitamente, ela retornará o valor especial None:

```
def returns_none():
    '''Demonstrates default return value.'''
    pass

returns_none() == None
True
```

Esse exemplo omite uma declaração return, então testa se o valor retornado é igual a None.

Escopo nas funções

Escopo se refere à disponibilidade dos objetos definidos no código. Uma variável definida no escopo global fica disponível em todo o código, já uma variável definida em um escopo local fica disponível apenas nesse escopo. A Listagem 6.14 define uma variável outer e uma variável inner. Ambas estão disponíveis no bloco de código da função shows_scope, onde você as imprime.

Listagem 6.14 Escopos Local e Global

```
outer = 'Global scope'

def shows_scope():
    '''Demonstrates local variable.'''
    inner = 'Local scope'
    print(outer)
    print(inner)
```

```
shows_scope()
Global scope
Local scope
```

A variável inner é local para a função, pois está definida no bloco de código da função. Se você tentar chamar inner de fora da função, ela não será definida:

```
print(inner)
-------------------------------------------------------------------
NameError Traceback (most recent call last)
<ipython-input-39-9504624e1153> in <module>
----> 1 print(inner)
NameError: name 'inner' is not defined
```

Entender o escopo é útil quando se usa decorators, como descrito na próxima seção.

Decorators

Um decorator permite planejar funções que modificam outras funções. Os decorators são normalmente usados para configurar um log usando uma convenção definida ou bibliotecas de terceiros. Embora você possa não precisar escrever seus próprios decorators, é bom entender como funcionam. Esta seção examina os conceitos envolvidos.

Em Python, tudo é objeto, inclusive as funções. Isso significa que você pode apontar uma variável para uma função. A Listagem 6.15 define a função add_one(n), que obtém um número e adiciona 1 a ele. Depois, cria a variável my_func, que tem a função add_one() como seu valor.

> **Nota**
>
> Quando não estiver chamando uma função, não use parênteses na atribuição da variável. Omitindo os parênteses, você se refere ao objeto da função, não a um valor de retorno. É possível ver isso onde a Listagem 6.15 imprime my_func, que na verdade é um objeto da função. Então chame a função adicionando parênteses e o argumento a my_func, que retorna o argumento mais 1.

Listagem 6.15 Uma Função como Valor da Variável

```
def add_one(n):
    '''Adds one to a number.'''
    return n + 1

my_func = add_one
print(my_func)
<function add_one at 0x1075953a0>

my_func(2)
3
```

Como as funções são objetos, você pode usá-las com estruturas de dados, por exemplo, dicionários ou listas. A Listagem 6.16 define duas funções e as coloca na lista apontada pela variável my_functions. Então itera a lista, atribuindo cada função à variável my_func durante sua iteração e chamando a função durante o bloco de código do loop for.

Listagem 6.16   Chamando uma Lista de Funções

```
def add_one(n):
    '''Adds one to a number.'''
    return n + 1

def add_two(n):
    '''Adds two to a number.'''
    return n + 2

my_functions = [add_one, add_two]

for my_func in my_functions:
    print(my_func(1))
2
3
```

Python permite definir uma função como parte do bloco de código de outra função. Uma função definida assim é chamada de *função aninhada*. A Listagem 6.17 define a função nested() no bloco de código da função called_nested(). Então essa função aninhada é usada como um valor de retorno para a função externa.

Listagem 6.17   Funções Aninhadas

```
def call_nested():
    '''Calls a nested function.'''
    print('outer')

    def nested():
        '''Prints a message.'''
        print('nested')

    return nested

my_func = call_nested()
outer
my_func()
nested
```

Você também pode integrar uma função em outra, adicionando a funcionalidade antes ou depois. A Listagem 6.18 integra a função add_one(number) na função wrapper(number). A função integrante tem um parâmetro, number, que ela passa para a função integrada. Também tem declarações antes e depois chamando add_one(number). Veja a ordem das declarações de impressão ao chamar wrapper(1) e veja que ela retorna os valores esperados a partir de add_one: 1 e 2.

Listagem 6.18 Funções Integrantes

```
def add_one(number):
    '''Adds to a number.'''
    print('Adding 1')
    return number + 1

def wrapper(number):
    '''Wraps another function.'''
    print('Before calling function')
    retval = add_one(number)
    print('After calling function')
    return retval

wrapper(1)
Before calling function
Adding 1
After calling function
2
```

Também é possível ir mais longe e usar uma função como parâmetro. Você pode passar uma função como um valor para uma função que tem uma definição de função aninhada integrando a função que foi passada. Por exemplo, a Listagem 6.19 define primeiro a função add_one(number) como antes. Mas agora define a função wrapper(number) aninhada no bloco de código de uma nova função, do_wrapping(some_func). Essa nova função tem uma função como argumento, então usa essa função na definição de wrapper(number). Depois retorna a versão recém-definida de wrapper(number). Atribuindo esse resultado a uma variável e chamando-a, você pode ver os resultados integrados.

Listagem 6.19 Função Integrante Aninhada

```
def add_one(number):
    '''Adds to a number.'''
    print('Adding 1')
    return number + 1

def do_wrapping(some_func):
    '''Returns a wrapped function.'''
    print('wrapping function')

    def wrapper(number):
        '''Wraps another function.'''
        print('Before calling function')
        retval = some_func(number)
```

```
        print('After calling function')
        return retval

    return wrapper

my_func = do_wrapping(add_one)
wrapping function

my_func(1)
Before calling function
Adding 1
After calling function
2
```

É possível usar do_wrapping(some_func) para integrar qualquer função desejada. Por exemplo, se você tem a função add_two(number), pode passá-la como um argumento exatamente como add_one(number):

```
my_func = do_wrapping(add_two)
my_func(1)
wrapping function
Before calling function
Adding 2
After calling function
3
```

Os decorators fornecem uma sintaxe que pode simplificar esse tipo de integração da função. Em vez de chamar do_wrapping(some_func), atribuí-la a uma variável e chamar a função a partir da variável, basta colocar @do_wrapping no topo da definição da função. Então a função add_one(number) pode ser chamada diretamente e a integração ocorre internamente.

Veja na Listagem 6.20 que add_one(number) é integrada de modo parecido como na Listagem 6.18, mas com uma sintaxe mais simples do decorator.

Listagem 6.20   Sintaxe do Decorator

```
def do_wrapping(some_func):
    '''Returns a wrapped function.'''
    print('wrapping function')

    def wrapper(number):
        '''Wraps another function.'''
        print('Before calling function')
        retval = some_func(number)
        print('After calling function')
        return retval

    return wrapper
```

```
@do_wrapping
def add_one(number):
    '''Adds to a number.'''
    print('Adding 1')
    return number + 1
wrapping function

add_one(1)
Before calling function
Adding 1
After calling function
2
```

Funções anônimas

Na grande maioria das vezes em que você define as funções, desejará usar a sintaxe para funções nomeadas. É isso que você viu até este ponto. Contudo, há uma alternativa: a função não nomeada, anônima. Em Python, as funções anônimas são conhecidas como funções lambda e têm a seguinte sintaxe:

lambda <Parâmetro>: <Declaração>

em que lambda é a palavra-chave que designa uma função lambda, <Parâmetro> é um parâmetro de entrada e <Declaração> é a declaração a executar usando o parâmetro. O resultado da <Declaração> é o valor de retorno. É como você define uma função lambda que adiciona um ao valor de entrada:

lambda x: x +1

Em geral, seu código será mais fácil de ler e depurar se você evitar as funções lambda, mas um local útil para elas é quando uma função simples é aplicada como um argumento em outra. A Listagem 6.21 define a função apply_to_list(data, my_func), que tem uma lista e uma função como argumentos. Ao chamar essa função com a intenção de adicionar 1 a cada membro da lista, a função lambda é uma solução elegante.

Listagem 6.21 Função Lambda

```
def apply_to_list(data, my_func):
    '''Applies a function to items in a list.'''
    for item in data:
        print(f'{my_func(item)}')

apply_to_list([1, 2, 3], lambda x: x + 1)
2
3
4
```

Resumo

As funções, que são blocos de construção importantes ao construir programas complexos, são blocos de código nomeados reutilizáveis. As funções são documentadas com *docstrings*. As funções podem aceitar parâmetros de vários modos. Uma função usa uma declaração return para passar um valor ao final de sua execução. Decorators são funções especiais que integram outras funções. Funções anônimas, ou lambda, não têm nome.

Perguntas

Para as Perguntas 1-3, consulte a Listagem 6.22.

Listagem 6.22 Funções para as Perguntas 1-3

```
def add_prefix(word, prefix='before-'):
    '''Prepend a word.'''
    return f'{prefix}{word}'3

def return_one():
    return 1

    def wrapper():
        print('a')
        retval = return_one()
        print('b')
        print(retval)
```

1. Qual seria a saída da seguinte chamada:

    `add_prefix('nighttime', 'after-')`

2. Qual seria a saída da seguinte chamada:

    `add_prefix('nighttime')`

3. Qual seria a saída da seguinte chamada:

    `add_prefix()`

4. Qual linha deve ser colocada acima de uma definição da função para aplicar o decorator nela com a função standard_logging?

    `*standard_logging`
    `**standard_logging`
    `@standard_logging`
    `[standard_logging]`

5. O que seria impresso pela seguinte chamada:

    `wrapper()`

PARTE II

Bibliotecas de ciência de dados

7
NumPy

Tudo deve ser feito da forma mais simples possível, não mais simples que isso.

Roger Sessions (interpretando Einstein)

Neste capítulo

- Introdução às bibliotecas de terceiros
- Criando arrays NumPy
- Indexando e fatiando arrays
- Filtrando dados do array
- Métodos do array
- Broadcast

Este é primeiro capítulo do livro sobre Bibliotecas de Ciência de Dados. A funcionalidade de Python explorada até agora no livro torna Python uma linguagem genérica poderosa. As bibliotecas cobertas nesta parte do livro tornam Python dominante em ciência de dados. A primeira biblioteca que veremos, NumPy, é a base de muitas outras bibliotecas de ciência de dados. Neste capítulo, você aprenderá sobre o array NumPy, que é uma estrutura de dados multidimensional eficiente.

Bibliotecas de Terceiros

O código Python é organizado em bibliotecas. Toda funcionalidade vista até agora no livro está disponível na Biblioteca Padrão de Python, que faz parte de qualquer instalação Python. As bibliotecas de terceiros fornecem capacidades que vão além. Elas são desenvolvidas e mantidas por grupos fora da organização que mantém Python em si. A existência desses grupos e bibliotecas cria um ecossistema vibrante que mantém o código Python como um componente dominante no mundo da programação. Muitas dessas bibliotecas estão disponíveis no ambiente Colab e você pode importá-las facilmente para um arquivo. Se você trabalhar fora do Colab, pode precisar instalá-las, o que normalmente é feito usando o gerenciador de pacotes de Python, `pip`.

Instalando e importando NumPy

A biblioteca NumPy é pré-instalada no ambiente Colab e você só precisa importá-la. Se você trabalhar fora do Colab, há outros modos diferentes de instalá-la (https://scipy.org/install.html), mas a maneira mais comum é usando pip:

```
pip install numpy
```

Assim que NumPy for instalada, é possível importá-la. Quando você importa qualquer biblioteca, pode mudar como ela é chamada em seu ambiente usando a palavra-chave as. Em geral NumPy é renomeada como np durante a importação:

```
import numpy as np
```

Com a biblioteca instalada e importada, acesse qualquer funcionalidade de NumPy com o objeto np.

Criando arrays

Um array NumPy é uma estrutura de dados designada a lidar com eficiência com operações em grandes conjuntos de dados. Esses conjuntos podem ter dimensões variadas e conter diversos tipos de dados, não no mesmo objeto. Os arrays NumPy são usados como entrada e saída para muitas outras bibliotecas e são usados como a base para outras estruturas de dados importantes para ciência de dados, como no Pandas e no SciPy.

É possível criar arrays a partir de outras estruturas de dados ou inicializados com valores definidos. A Listagem 7.1 mostra diferentes modos de criar um array unidimensional. Você pode ver que o objeto do array é exibido tendo uma lista interna como seus dados. Os dados não são realmente armazenados em listas, mas essa representação torna os arrays fáceis de ler.

Listagem 7.1 Criando um Array

```
np.array([1,2,3])        # Array from list
array([1, 2, 3])

np.zeros(3)              # Array of zeros
array([0., 0., 0.])

np.ones(3)               # Array of ones
array([1., 1., 1.])

np.empty(3)              # Array of arbitrary data
array([1., 1., 1.])

np.arange(3)             # Array from range of numbers
array([0, 1, 2])
```

```
np.arange(0, 12, 3)     # Array from range of numbers
array([0, 3, 6, 9])

np.linspace(0, 21, 7)   # Array over an interval
array([ 0. ,  3.5,  7. , 10.5, 14. , 17.5, 21. ])
```

Os arrays têm dimensões. Um array unidimensional tem apenas uma dimensão, que é o número de elementos. No caso do método np.array, a dimensão corresponde à(s) lista(s) usada(s) como entrada. Para os métodos np.zeros, np.ones e np.empty, a dimensão é dada como um argumento explícito.

O método np.range produz um array de modo parecido com uma sequência range. A dimensão resultante e os valores correspondem ao que seria produzido usando range. Você pode especificar os valores inicial, final e de intervalo.

O método np.linspace produz números igualmente espaçados em um intervalo. Os dois primeiros argumentos definem o intervalo e o terceiro define o número de itens.

O método np.empty é útil ao produzir grandes arrays com eficiência. Lembre-se de que como os dados são arbitrários, você só deve usá-los em casos em que substituirá todos os dados originais.

A Listagem 7.2 mostra alguns atributos de um array.

Listagem 7.2 Características de um Array

```
oned = np.arange(21)
oned
array([ 0,  1,  2,  3,  4,  5,  6,  7,  8,  9, 10,
       11, 12, 13, 14, 15, 16, 17, 18, 19, 20 ])

oned.dtype       # Data type
dtype('int64')

oned.size        # Number of elements
21

oned.nbytes      # Bytes(memory) consumed by elements of the array
168

oned.shape       # Number of elements in each dimension
(21,)

oned.ndim        # Number of dimensions
1
```

Se você verificar o tipo de dado do array, verá que é np.ndarray:

```
type(oned)
numpy.ndarray
```

> **Nota**
>
> ndarray é uma abreviação de *array n dimensional*.

Como mencionado antes, você pode criar arrays com muitas dimensões. Os arrays bidimensionais são usados como matrizes. A Listagem 7.3 cria um array bidimensional a partir de uma lista de três listas com três elementos. Veja que o array resultante tem a forma 3x3 e duas dimensões.

Listagem 7.3 Matriz com Listas

```
list_o_lists = [[1,2,3],
                [4,5,6],
                [7,8,9]]

twod = np.array(list_o_lists)
twod
array([[1, 2, 3],
       [4, 5, 6],
       [7, 8, 9]])

twod.shape
(3, 3)

twod.ndim
2
```

Você pode produzir um array com os mesmos elementos, mas diferentes dimensões usando o método reshape. Esse método tem a nova forma como argumentos. A Listagem 7.4 demonstra como usar um array unidimensional para produzir um bidimensional, então produzir arrays unidimensional e tridimensional a partir do bidimensional.

Listagem 7.4 Usando reshape

```
oned = np.arange(12)
oned
array([ 0, 1, 2, 3, 4, 5, 6, 7, 8, 9, 10, 11])

twod = oned.reshape(3,4)
twod
array([[ 0, 1, 2, 3],
       [ 4, 5, 6, 7],
       [ 8, 9, 10, 11]])

twod.reshape(12)
array([ 0, 1, 2, 3, 4, 5, 6, 7, 8, 9, 10, 11])
```

```
twod.reshape(2,2,3)
array ([[[ 0, 1, 2],
        [ 3, 4, 5]],
       [[ 6, 7, 8],
        [ 9, 10, 11]]])
```

A forma fornecida a um array deve ser consistente com o número de elementos nele. Por exemplo, se você tem o array twod com 12 elementos e tenta definir suas dimensões com uma forma que não inclui 12 elementos, obtém um erro:

```
twod.reshape(2,3)
---------------------------------------------------------------------
ValueError                                Traceback (most recent call last)
<ipython-input-295-0b0517f762ed> in <module>
----> 1 twod.reshape(2,3)

ValueError: cannot reshape array of size 12 into shape (2,3)
```

O reshape é normalmente usado com os métodos np.zeros, np.ones e np.empty para produzir arrays multidimensionais com valores padrão. Por exemplo, você poderia criar um array tridimensional assim:

```
np.ones(12).reshape(2,3,2)
array ([[[1., 1.],
         [1., 1.],
         [1., 1.]],
        [[1., 1.],
         [1., 1.],
         [1., 1.]]])
```

Indexando e fatiando

É possível acessar os dados nos arrays indexando e fatiando. Na Listagem 7.5, veja que indexar e fatiar com um array unidimensional é igual com uma lista. Você pode indexar os elementos individuais a partir do início ou do final de um array fornecendo um número de índice ou múltiplos elementos usando uma fatia.

Listagem 7.5 Indexando e Fatiando um Array Unidimensional

```
oned = np.arange(21)
oned
array([ 0,  1,  2,  3,  4,  5,  6,  7,  8,  9, 10,
       11, 12, 13, 14, 15, 16, 17, 18, 19, 20 ])

oned[3]
3
```

```
oned[-1]
20

oned[3:9]
array([3, 4, 5, 6, 7, 8])
```

Nos arrays multidimensionais, você pode fornecer um argumento para cada dimensão. Se omitir o argumento de uma dimensão, o padrão será todos os elementos dessa dimensão. Portanto, se você fornecer um número como argumento para um array bidimensional, esse número indicará qual linha retornar. Se fornecer argumentos com um número para todas as dimensões, um único elemento será retornado. Também pode fornecer uma fatia para qualquer dimensão. Em retorno, você obtém um subarray de elementos, cujas dimensões são determinadas pelo comprimento das fatias. A Listagem 7.6 demonstra várias opções para indexar e fatiar um array bidimensional.

Listagem 7.6 Indexando e Fatiando um Array Bidimensional

```
twod = np.arange(21).reshape(3,7)
twod
array([[ 0,  1,  2,  3,  4,  5,  6],
       [ 7,  8,  9, 10, 11, 12, 13],
       [14, 15, 16, 17, 18, 19, 20]])

twod[2]            # Accessing row 2
array([14, 15, 16, 17, 18, 19, 20])

twod[2, 3]         # Accessing item at row 2, column 3
17

twod[0:2]          # Accessing rows 0 and 1
array([[ 0,  1,  2,  3,  4,  5,  6],
       [ 7,  8,  9, 10, 11, 12, 13]])

twod[:, 3]         # Accessing column 3 of all rows
array([ 3, 10, 17])

twod[0:2, -3:]     # Accessing the last three columns of rows 0 and 1
array([[ 4,  5,  6],
       [11, 12, 13]])
```

Você pode atribuir novos valores a um array existente, como faria com uma lista, usando a indexação e o fatiamento. Se atribui valores a uma fatia, a fatia inteira é atualizada com o novo valor. A Listagem 7.7 demonstra como atualizar um único elemento e uma fatia de um array bidimensional.

Listagem 7.7 Mudando Valores em um Array

```
twod = np.arange(21).reshape(3,7)
twod
array([[ 0,  1,  2,  3,  4,  5,  6],
       [ 7,  8,  9, 10, 11, 12, 13],
       [14, 15, 16, 17, 18, 19, 20]])

twod[0,0] = 33
twod
array([[33,  1,  2,  3,  4,  5,  6],
       [ 7,  8,  9, 10, 11, 12, 13],
       [14, 15, 16, 17, 18, 19, 20]])

twod[1:,:3] = 0
array([[33,  1,  2,  3,  4,  5,  6],
       [ 0,  0,  0, 10, 11, 12, 13],
       [ 0,  0,  0, 17, 18, 19, 20]])
```

Operações elemento a elemento

Um array não é uma sequência. Os arrays compartilham algumas características com as listas e, de certa forma, é fácil considerar os dados em um array como uma lista de listas. Mas existem muitas diferenças entre arrays e sequências. Uma diferença é ao realizar operações entre os itens em dois arrays ou duas sequências.

Lembre-se que ao fazer uma operação, como multiplicação com uma sequência, a operação é realizada na sequência, não no conteúdo. Portanto, se você multiplica uma lista por zero, o resultado é uma lista com comprimento zero:

```
[1, 2, 3]*0
[]
```

Não é possível multiplicar duas listas, mesmo se elas tiverem o mesmo comprimento:

```
[1, 2, 3]*[4, 5, 6]
-------------------------------------------------------------------------
TypeError                                 Traceback (most recent call last)
<ipython-input-325-f525a1e96937> in <module>
----> 1 [1, 2, 3]*[4, 5, 6]

TypeError: can't multiply sequence by non-int of type 'list'
```

Você pode escrever código para realizar operações entre os elementos das listas. Por exemplo, a Listagem 7.8 demonstra um loop em duas listas em ordem para criar uma terceira lista que contém os resultados de vários pares de elementos. A função zip() é usada para combinar duas listas em uma lista de tuplas, com cada tupla contendo elementos de cada uma das listas originais.

Listagem 7.8 Operações Elemento a Elemento com Listas

```
L1 = list(range(10))
L2 = list(range(10, 0, -1))
L1
[0, 1, 2, 3, 4, 5, 6, 7, 8, 9]

L2
 [10, 9, 8, 7, 6, 5, 4, 3, 2, 1]

L3 = []
for i, j in zip(L1, L2):
L3.append(i*j)
L3
[0, 9, 16, 21, 24, 25, 24, 21, 16, 9]
```

Embora seja possível usar loops para realizar operações elemento a elemento nas listas, é muito mais simples usar os arrays NumPy para tais operações. Os arrays fazem as operações elemento a elemento por padrão. A Listagem 7.9 demonstra as operações de multiplicação, adição e divisão entre dois arrays. Observe que as operações em cada caso são feitas entre os elementos dos arrays.

Listagem 7.9 Operações Elemento a Elemento com Arrays

```
array1 = np.array(L1)
array2 = np.array(L2)
array1*array2
array([ 0,  9, 16, 21, 24, 25, 24, 21, 16,  9])

array1 + array2
array([10, 10, 10, 10, 10, 10, 10, 10, 10, 10])

array1 / array2
array([0.        , 0.11111111, 0.25      , 0.42857143, 0.66666667,
       1.        , 1.5       , 2.33333333, 4.        , 9.        ])
```

Filtrando valores

Um dos aspectos mais usados dos arrays NumPy e das estruturas de dados construídas sobre eles é a capacidade de filtrar os valores com base nas condições escolhidas. Assim, você pode usar um array para responder perguntas sobre seus dados.

A Listagem 7.10 mostra um array bidimensional de inteiros, chamado twod. Um segundo array, mask, tem as mesmas dimensões de twod, mas contém valores booleanos. mask especifica quais elementos de twod retornar. O array resultante contém os elementos de twod cujas posições correspondentes em mask têm o valor True.

Listagem 7.10 Filtrando com Booleanos

```
twod = np.arange(21).reshape(3,7)
twod
array([[ 0,  1,  2,  3,  4,  5,  6],
       [ 7,  8,  9, 10, 11, 12, 13],
       [14, 15, 16, 17, 18, 19, 20]])

mask = np.array([[ True, False, True, True, False, True, False],
                 [ True, False, True, True, False, True, False],
                 [ True, False, True, True, False, True, False]])
twod[mask]
array([ 0,  2,  3,  5,  7,  9, 10, 12, 14, 16, 17, 19])
```

Os operadores de comparação vistos retornando booleanos simples antes retornam arrays quando usados com arrays. Portanto, se você usar o operador menor que (<) no array twod como a seguir, o resultado será um array com True para cada item abaixo de cinco e False para o resto:

```
twod < 5
```

Você pode usar esse resultado como uma máscara para obter apenas os valores que são True com a comparação. Por exemplo, a Listagem 7.11 cria uma máscara e retorna apenas os valores de twod menores que 5.

Listagem 7.11 Filtrando com Comparação

```
mask = twod < 5
mask
array([[ True,  True,  True,  True],
       [ True, False, False, False],
       [False, False, False, False]])

twod[mask]
array([0, 1, 2, 3, 4])
```

Como se pode ver, é possível usar operadores de comparação e ordem para extrair facilmente informação dos dados. Também é possível combinar essas comparações para criar máscaras mais complexas. A Listagem 7.12 usa & para unir duas condições e criar uma máscara que é avaliada como True apenas para os itens que atendem ambas as condições.

Listagem 7.12 Filtrando com Múltiplas Comparações

```
mask = (twod < 5) & (twod%2 == 0)
mask
array([[ True, False,  True, False],
       [ True, False, False, False],
       [False, False, False, False]])

twod[mask]
array([0, 2, 4])
```

> **Nota**
>
> Filtrar usando máscaras é um processo que você usará repetidas vezes, sobretudo com DataFrames Pandas, que se baseiam nos arrays NumPy. Você aprenderá sobre DataFrames no Capítulo 9, "Pandas".

Exibições *versus* cópias

Os arrays NumPy são planejados para trabalhar de modo eficiente com grandes conjuntos de dados. Um dos modos como isso é feito é usando exibições. Quando você fatia ou filtra um array, o array retornado é, quando possível, uma exibição e não uma cópia. Uma exibição permite ver os mesmos dados de modo diferente. É importante entender que a memória e o poder de processamento não são usados ao fazer cópias de dados sempre que você fatia ou filtra. Se você muda um valor na exibição de um array, pode mudar esse valor no array original, assim como qualquer outra exibição que representa esse item. Por exemplo, a Listagem 7.13 obtém uma fatia do array data1 e a nomeia como data2. Então substitui o valor 11 em data2 por -1. Ao voltar para data1, é possível ver que o item usado para ter um valor 11 agora está definido como -1.

Listagem 7.13 Mudando Valores em uma Exibição

```
data1 = np.arange(24).reshape(4,6)
data1
array([[ 0,  1,  2,  3,  4,  5],
       [ 6,  7,  8,  9, 10, 11],
       [12, 13, 14, 15, 16, 17],
       [18, 19, 20, 21, 22, 23]])

data2 = data1[:2,3:]
data2
array([[ 3,  4,  5],
       [ 9, 10, 11]])

data2[1,2] = -1
data2
array([[ 3,  4,  5],
       [ 9, 10, -1]])

data1
array([[ 0,  1,  2,  3,  4,  5],
       [ 6,  7,  8,  9, 10, -1],
       [12, 13, 14, 15, 16, 17],
       [18, 19, 20, 21, 22, 23]])
```

Esse comportamento pode levar a bugs e cálculos errados, mas se você o entende, pode ter alguns benefícios importantes ao trabalhar com grandes conjuntos de dados. Se deseja mudar os dados de uma operação de fatiamento ou filtragem sem mudá-los no array original, pode fazer uma cópia. Por exemplo, na Listagem 7.14, observe que, quando um item é alterado na cópia, o array original fica inalterado.

Listagem 7.14 Mudando Valores em uma Cópia

```
data1 = np.arange(24).reshape(4,6)
data1
array([[ 0,  1,  2,  3,  4,  5],
       [ 6,  7,  8,  9, 10, 11],
       [12, 13, 14, 15, 16, 17],
       [18, 19, 20, 21, 22, 23]])

data2 = data1[:2,3:].copy()
data2
array([[ 3,  4,  5],
       [ 9, 10, 11]])

data2[1,2] = -1
data2
array([[ 3,  4,  5],
       [ 9, 10, -1]])

data1
array([[ 0,  1,  2,  3,  4,  5],
       [ 6,  7,  8,  9, 10, 11],
       [12, 13, 14, 15, 16, 17],
       [18, 19, 20, 21, 22, 23]])
```

Alguns métodos do array

Os arrays NumPy têm métodos predefinidos para obter dados de resumo estatísticos e realizar operações matriciais. A Listagem 7.15 mostra métodos produzindo estatísticas de resumo. Há métodos para obter a máxima, a mínima, a soma, a média e o desvio-padrão. Todos esses métodos produzem resultados no array inteiro, a menos que um eixo seja especificado. Se um valor do eixo 1 é especificado, um array com resultados para cada linha é produzido. Com um valor do eixo 0, um array de resultados é produzido para cada coluna.

Listagem 7.15 Introspecção

```
data = np.arange(12).reshape(3,4)
data
array([[ 0,  1,  2,  3],
       [ 4,  5,  6,  7],
       [ 8,  9, 10, 11]])

data.max()         # Maximum value
11

data.min()         # Minimum value
0
```

```
data.sum()           # Sum of all values
66

data.mean()          # Mean of values
5.5

data.std()           # Standard deviation
3.452052529534663

data.sum(axis=1)     # Sum of each row
array([ 6, 22, 38])

data.sum(axis=0)     # Sum of each column
array([12, 15, 18, 21])

data.std(axis=0)     # Standard deviation of each row
array([3.26598632, 3.26598632, 3.26598632, 3.26598632])

data.std(axis=1))    # Standard deviation of each column
array([1.11803399, 1.11803399, 1.11803399])
```

A Listagem 7.16 demonstra algumas operações matriciais disponíveis com os arrays. Elas incluem retornar a transposição, os produtos matriciais e a diagonal. Lembre-se de que você pode usar o operador de multiplicação (*) entre os arrays para realizar uma multiplicação elemento por elemento. Se quiser calcular o produto escalar de duas matrizes, precisará usar o operador @ ou o método .dot().

Listagem 7.16 Operações Matriciais

```
A1 = np.arange(9).reshape(3,3)
A1
array([[0, 1, 2],
       [3, 4, 5],
       [6, 7, 8]])

A1.T                 # Transpose
array([[0, 3, 6],
       [1, 4, 7],
       [2, 5, 8]])

A2 = np.ones(9).reshape(3,3)
array([[1., 1., 1.],
       [1., 1., 1.],
       [1., 1., 1.]])
```

```
A1 @ A2          # Matrix product
array([[ 3.,  3.,  3.],
       [12., 12., 12.],
       [21., 21., 21.]])

A1.dot(A2)       # Dot product
array([[ 3.,  3.,  3.],
       [12., 12., 12.],
       [21., 21., 21.]])

A1.diagonal()    # Diagonal
array([0, 4, 8])
```

Um array, diferente de muitos tipos de sequência, pode conter apenas um tipo de dado. Não é possível ter um array contendo *strings* e inteiros. Se você não especifica o tipo de dados, o NumPy adivinha o tipo, com base nos dados. A Listagem 7.17 mostra que, quando você inicia com inteiros, o NumPy define o tipo de dados para int64. Também é possível ver, verificando o atributo nbytes, que os dados para esse array requerem 800 bytes de memória.

Listagem 7.17 Definindo o Tipo Automaticamente

```
darray = np.arange(100)
darray
array([ 0,  1,  2,  3,  4,  5,  6,  7,  8,  9, 10, 11, 12, 13, 14, 15, 16,
       17, 18, 19, 20, 21, 22, 23, 24, 25, 26, 27, 28, 29, 30, 31, 32, 33,
       34, 35, 36, 37, 38, 39, 40, 41, 42, 43, 44, 45, 46, 47, 48, 49, 50,
       51, 52, 53, 54, 55, 56, 57, 58, 59, 60, 61, 62, 63, 64, 65, 66, 67,
       68, 69, 70, 71, 72, 73, 74, 75, 76, 77, 78, 79, 80, 81, 82, 83, 84,
       85, 86, 87, 88, 89, 90, 91, 92, 93, 94, 95, 96, 97, 98, 99])

darray.dtype
dtype('int64')

darray.nbytes
800
```

Para os conjuntos de dados maiores, você pode controlar a quantidade de memória usada definindo o tipo de dado explicitamente. O tipo de dado int8 pode representar números de –128 a 127, portanto seria adequado para um conjunto de dados 1–99. Você pode definir o tipo de dados de um array na criação usando o parâmetro dtype. A Listagem 7.18 faz isso diminuindo o tamanho dos dados para 100 bytes.

Listagem 7.18 Definindo o Tipo Explicitamente

```
darray = np.arange(100, dtype=np.int8)
darray
array([ 0,  1,  2,  3,  4,  5,  6,  7,  8,  9, 10, 11, 12, 13, 14, 15, 16,
       17, 18, 19, 20, 21, 22, 23, 24, 25, 26, 27, 28, 29, 30, 31, 32, 33,
```

```
       34, 35, 36, 37, 38, 39, 40, 41, 42, 43, 44, 45, 46, 47, 48, 49, 50,
       51, 52, 53, 54, 55, 56, 57, 58, 59, 60, 61, 62, 63, 64, 65, 66, 67,
       68, 69, 70, 71, 72, 73, 74, 75, 76, 77, 78, 79, 80, 81, 82, 83, 84,
       85, 86, 87, 88, 89, 90, 91, 92, 93, 94, 95, 96, 97, 98, 99],
      dtype=int8)
```

```
darray.nbytes
100
```

> **Nota**
>
> Veja os muitos tipos de dados NumPy disponíveis em https://numpy.org/devdocs/user/basics.types.html.

Como um array pode armazenar apenas um tipo de dado, não é possível inserir dados que não possam ser convertidos nesse tipo de dado. Por exemplo, se você tenta adicionar uma *string* ao array int8, obtém um erro:

```
darray[14] = 'a'
---------------------------------------------------------------------------
ValueError                                Traceback (most recent call last)
<ipython-input-335-17df5782f85b> in <module>
----> 1 darray[14] = 'a'

ValueError: invalid literal for int() with base 10: 'a'
```

Ocorre um erro sutil com um tipo de array se você adiciona a um dado do array de menor granularidade que o tipo de dados do array; isso pode levar à perda de dados. Por exemplo, digamos que você adicione o número de ponto flutuante 0.5 ao array int8:

```
darray[14] = 0.5
```

O número de ponto flutuante 0.5 é convertido em int, levando ao valor 0:

```
darray[14]
0
```

Como se pode ver, é importante entender seus dados ao decidir sobre o melhor tipo.

Broadcast

Você pode realizar operações entre arrays de diferentes dimensões. As operações podem ser feitas quando a dimensão é a mesma ou é uma para, pelo menos, um dos arrays. A Listagem 7.19 adiciona 1 a cada elemento do array A1 de três modos diferentes: primeiro com um array de uns com as mesmas dimensões (3, 3), então com um array com uma dimensão de um (1, 3) e, por fim, usando o inteiro 1.

Listagem 7.19 Broadcast

```
A1 = np.array([[1,2,3],
               [4,5,6],
               [7,8,9]])
```

```
A2 = np.array([[1,1,1],
               [1,1,1],
               [1,1,1]])

A1 + A2
array([[ 2,  3,  4],
       [ 5,  6,  7],
       [ 8,  9, 10]])

A2 = np.array([1,1,1])
A1 + A2
array([[ 2,  3,  4],
       [ 5,  6,  7],
       [ 8,  9, 10]])

A1 + 1
array([[ 2,  3,  4],
       [ 5,  6,  7],
       [ 8,  9, 10]])
```

Em todos os três casos, o resultado é igual: um array de dimensão (3, 3). Isso se chama *broadcast*, pois a dimensão de um é expandida para caber na dimensão maior. Portanto se você faz uma operação com arrays de dimensões (1, 3, 4, 4) e (5, 3, 4, 1), o array resultante terá as dimensões (5, 3, 4, 4). O broadcast não funciona com dimensões que são diferentes e não unitárias.

A Listagem 7.20 faz uma operação nos arrays com as dimensões (2, 1, 5) e (2, 7, 1). O array resultante tem as dimensões (2, 7, 5).

Listagem 7.20 Expandindo as Dimensões

```
A4 = np.arange(10).reshape(2,1,5)
A4
array([[[0, 1, 2, 3, 4]],
       [[5, 6, 7, 8, 9]]])

A5 = np.arange(14).reshape(2,7,1)
A5
array([[[ 0],
        [ 1],
        [ 2],
        [ 3],
        [ 4],
        [ 5],
        [ 6]],
       [[ 7],
        [ 8],
        [ 9],
        [10],
```

```
            [11],
            [12],
            [13]]])

A6 = A4 - A5
A6
array([[[ 0,  1,  2,  3,  4],
        [-1,  0,  1,  2,  3],
        [-2, -1,  0,  1,  2],
        [-3, -2, -1,  0,  1],
        [-4, -3, -2, -1,  0],
        [-5, -4, -3, -2, -1],
        [-6, -5, -4, -3, -2]],

       [[-2, -1,  0,  1,  2],
        [-3, -2, -1,  0,  1],
        [-4, -3, -2, -1,  0],
        [-5, -4, -3, -2, -1],
        [-6, -5, -4, -3, -2],
        [-7, -6, -5, -4, -3],
        [-8, -7, -6, -5, -4]]])

A6.shape
(2, 7, 5)
```

Matemática com NumPy

Além do array NumPy, a biblioteca NumPy oferece muitas funções matemáticas, inclusive funções trigonométricas, logarítmicas e aritméticas. Essas funções devem ser realizadas com arrays NumPy e costumam ser usadas junto com os tipos de dados em outras bibliotecas. Esta seção examina os polinômios NumPy.

O NumPy oferece a classe poly1d para modelar os polinômios unidimensionais. Para usar essa classe, você precisa importá-la do NumPy:

```
1 from numpy import poly1d
```

Então crie um objeto polinomial, fornecendo os coeficientes como um argumento:

```
poly1d((4,5))
poly1d([4, 5])
```

Se você imprimir um objeto poly1d, ele mostrará a representação polinomial:

```
c = poly1d([4,3,2,1])
print(c)
   3     2
4 x + 3 x + 2 x + 1
```

Se para um segundo argumento você fornecer o valor True, o primeiro argumento será interpretado como as raízes, não como coeficientes. O exemplo a seguir modela o polinômio resultante do cálculo de (x − 4)(x − 3)(x − 2)(x − 1):

```
r = poly1d([4,3,2,1], True)
print(r)
   4      3      2
1 x - 10 x + 35 x - 50 x + 24
```

Você pode avaliar um polinômio fornecendo o valor x como um argumento para o próprio objeto. Por exemplo, pode avaliar o polinômio anterior para um valor de x igual a 5:

```
r(5)
24.0
```

A classe poly1d permite fazer operações entre os polinômios, como adição e multiplicação. Também oferece a funcionalidade polinomial como métodos da classe especiais. A Listagem 7.21 demonstra o uso dessa classe com polinômios.

Listagem 7.21   Polinômios

```
p1 = poly1d((2,3))
print(p1)
2 x + 3

p2 = poly1d((1,2,3))
print(p2)
   2
1 x + 2 x + 3

print(p2*p1)            # Multiplying polynomials
   3     2
2 x + 7 x + 12 x + 9

print(p2.deriv())       # Taking the derivative
2 x + 2

print(p2.integ())       # Returning anti-derivative
        3     2
0.3333 x + 1 x + 3 x
```

A classe poly1d é apenas uma das muitas ferramentas matemáticas especializadas oferecidas no kit de ferramentas do NumPy. Essas ferramentas são usadas junto com muitas outras que você aprenderá nos próximos capítulos.

Resumo

A biblioteca de terceiros NumPy é uma potência ao fazer ciência de dados em Python. Mesmo que você não use os arrays NumPy diretamente, irá encontrá-los porque são os blocos de construção para muitas outras bibliotecas. Bibliotecas como SciPy e Pandas se baseiam diretamente nos arrays NumPy. Esses arrays podem ser criados com muitas dimensões e tipos de dados. É possível adaptá-los para monitorar o consumo de memória controlando seu tipo de dado. Eles devem ser eficientes com grandes conjuntos de dados.

Perguntas

1. Cite três diferenças entre os arrays NumPy e as listas Python.
2. Dado o código a seguir, o que você esperaria do valor final d2?
   ```
   d1 = np.array([[0, 1, 3],
                  [4, 2, 9]])
   d2 = d1[:, 1:]
   ```
3. Dado o código a seguir, o que você esperaria do valor final d1[0,2]?
   ```
   d1 = np.array([[0, 1, 3],
                  [4, 2, 9]])
   d2 = d1[:, 1:]
   d2[0,1] = 0
   ```
4. Se você adiciona dois arrays de dimensões (1, 2, 3) e (5, 2, 1), quais serão as dimensões do array resultante?
5. Use a classe poly1d para modelar o seguinte polinômio:
   $$6x^4 + 2x^3 + 5x^2 + x - 10$$

8
SciPy

A maioria das pessoas usa a estatística como um bêbado usa um poste; mais para apoio do que para iluminação.

Andrew Lang

Neste capítulo

- Matemática com NumPy
- Introdução ao SciPy
- Submódulo `scipy.misc`
- Submódulo `scipy.special`
- Submódulo `scipy.stats`

O Capítulo 7, "NumPy" cobre os arrays NumPy, que são os blocos de construção fundamentais para muitas bibliotecas relacionadas a ciência de dados. Este capítulo introduz a biblioteca SciPy, que é para matemática, ciência e engenharia.

Visão geral de SciPy

A biblioteca SciPy é uma coleção de pacotes que se baseia no NumPy para fornecer ferramentas para a computação científica. Ela inclui submódulos que lidam com otimização, transformações Fourier, processamento de sinais, álgebra linear, processamento de imagens, estatísticas, entre outras coisas. Este capítulo mostra três submódulos: `scipy.misc`, `scipy.special` e `scipy.stats`, que é o submódulo mais útil para ciência de dados.

Este capítulo também usa a biblioteca `matplotlib` para alguns exemplos. Ela tem capacidades de visualização para inúmeros tipos de plotagem, assim como imagens. A convenção para importar sua biblioteca de plotagem é importá-la com o nome `plt`:

```
import matplotlib.pyplot as plt
```

Submódulo `scipy.misc`

O submódulo `scipy.misc` contém funções que não têm um local em outro lugar. Uma função divertida nesse módulo é `scipy.misc.face()`, que pode ser executada com este código:

```
from scipy import misc
import matplotlib.pyplot as plt
face = misc.face()
plt.imshow(face)
plt.show()
```

Você pode experimentar isso para gerar a saída.

A função ascent retorna uma imagem em tons de cinza que está disponível para o uso e demos. Se você chama ascent(), o resultado é um array NumPy bidimensional:

```
a = misc.ascent()
print(a)
[[ 83  83  83 ... 117 117 117]
 [ 82  82  83 ... 117 117 117]
 [ 80  81  83 ... 117 117 117]
 ...
 [178 178 178 ...  57  59  57]
 [178 178 178 ...  56  57  57]
 [178 178 178 ...  57  57  58]]
```

Se você passa esse array para o objeto de plotagem `matplotlib`, vê a imagem mostrada na Figura 8.1:

```
plt.imshow(a)
plt.show()
```

FIGURA 8.1 Imagem demo do submódulo `scipy.misc`.

Como é possível ver no exemplo, você usa o método plt.imshow() para visualizar imagens.

Submódulo `scipy.special`

O submódulo scipy.special contém utilitários para a física matemática. Ele inclui funções de Airy, elípticas, de Bessel, Struve e muitas outras. A maioria delas tem suporte para o broadcast e é compatível com os arrays NumPy. Para usar as funções, basta importar scipy.special de SciPy e chamar as funções diretamente. Por exemplo, você pode calcular o fatorial de um número usando a função special.factorial():

```
from scipy import special
special.factorial(3)
6.0
```

Pode calcular o número de combinações ou permutações como a seguir:

```
special.comb(10, 2)
45.0
```

```
special.perm(10,2)
90.0
```

Este exemplo mostra 10 itens, escolhendo 2 deles por vez.

> **Nota**
> scipy.special tem um submódulo scipy.stats, mas não é para um uso direto. Pelo contrário, use o submódulo scipy.stats para suas necessidades estatísticas. Esse submódulo é examinado a seguir.

Submódulo `scipy.stats`

O submódulo scipy.stats oferece distribuições de probabilidade e funções estatísticas. As seguintes seções examinam algumas distribuições oferecidas nesse submódulo.

Distribuições discretas

O SciPy oferece algumas distribuições discretas que compartilham alguns métodos em comum. Esses métodos são demonstrados na Listagem 8.1 usando uma distribuição binomial. Uma distribuição binomial envolve algumas tentativas, com cada uma tendo um resultado de sucesso ou fracasso.

Listagem 8.1 Distribuição Binomial

```
from scipy import stats
B = stats.binom(20, 0.3) # Define a binomial distribution consisting of
                         # 20 trials and 30% chance of success

B.pmf(2) # Probability mass function (probability that a sample is equal to 2)
0.02784587252426866
```

```
B.cdf(4) # Cumulative distribution function (probability that a
         # sample is less than 4)
0.2375077788776017

B.mean # Mean of the distribution
6.0

B.var()# Variance of the distribution
4.199999999999999

B.std()# Standard deviation of the distribution
2.0493901531919194

B.rvs()# Get a random sample from the distribution
5

B.rvs(15) # Get 15 random samples
array([ 2, 8, 6, 3, 5, 5, 10, 7, 5, 10, 5, 5, 5, 2, 6])
```

Se você obtém uma amostra aleatória grande o suficiente da distribuição:

```
rvs = B.rvs(size=100000)
rvs
array([11, 4, 4, ..., 7, 6, 8])
```

É possível usar matplotlib para plotar e ter uma ideia de sua forma (veja a Figura 8.2):

```
import matplotlib.pyplot as plt
plt.hist(rvs)
plt.show()
```

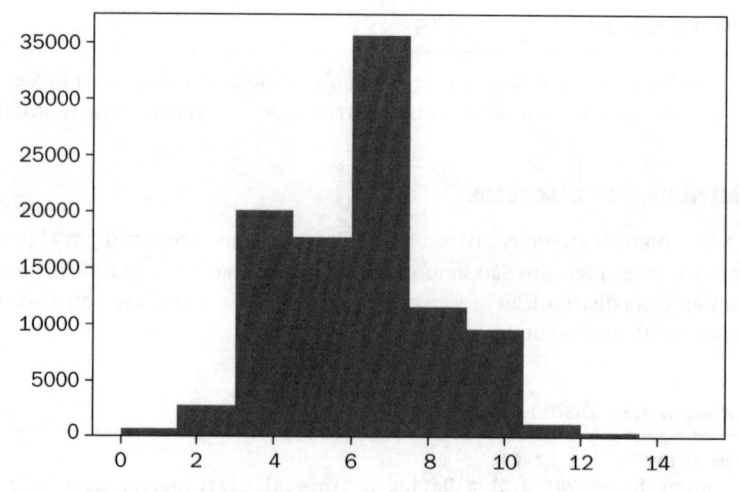

FIGURA 8.2 Distribuição binomial.

Os números na parte inferior da distribuição na Figura 8.2 representam o número de sucessos em cada experimento com 20 tentativas. Você pode ver que 6 em 20 é o resultado mais comum e corresponde a uma taxa de sucesso de 30%.

Outra distribuição modelada no submódulo scipy.stats é a distribuição de Poisson. Ela modela a probabilidade de certo número de eventos individuais ocorrendo em um espaço de tempo. A forma da distribuição é controlada por sua média, que você pode definir usando a palavra-chave mu. Por exemplo, uma menor média, como 3, inclinará a distribuição para a esquerda, como na Figura 8.3.

```
P = stats.poisson(mu=3)
rvs = P.rvs(size=10000)
rvs
array([4, 4, 2, ..., 1, 0, 2])

plt.hist(rvs)
plt.show()
```

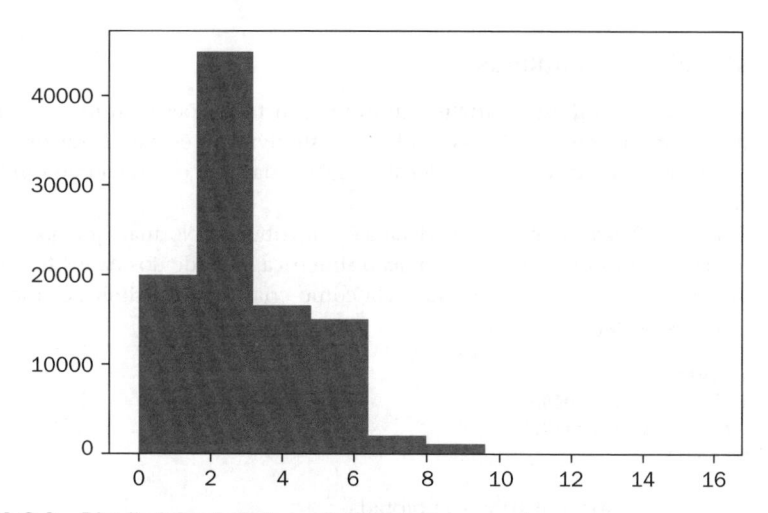

FIGURA 8.3 Distribuição de Poisson inclinada à esquerda.

Uma maior média, como 15, leva a distribuição para a direita, como na Figura 8.4:

```
P = stats.poisson(mu=15)
rvs = P.rvs(size=100000)
plt.hist(rvs)
plt.show()
```

Outras distribuições discretas modeladas no submódulo scipy.stats incluem Beta-binominal, Boltzmann (Planck truncado), Planck (exponencial discreta), geométrica, hipergeométrica, logarítmica e Yule-Simon, entre outras. Na época da escrita deste livro, havia 14 distribuições modeladas no submódulo scipy.stats.

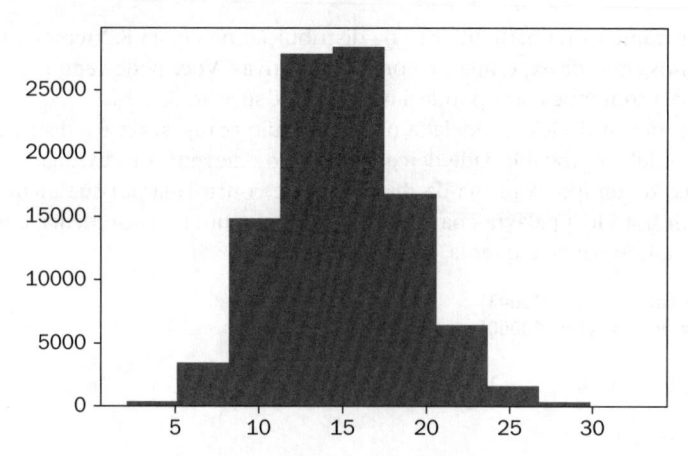

FIGURA 8.4 Distribuição de Poisson inclinada à direita.

Distribuições contínuas

O submódulo scipy.stats inclui muito mais distribuições contínuas do que discretas; tem 87 distribuições contínuas desde que este livro foi escrito. Essas distribuições têm parâmetros para o local (loc) e a escala (scale). Elas têm como padrão um local 0 e uma escala 1.0.

Uma distribuição contínua modelada é a distribuição Normal, que pode ser conhecida como curva em sino. Nessa distribuição simétrica, metade dos dados fica à esquerda da média e a outra metade, à direita. Veja como criar uma distribuição normal usando o local e a escala padrão:

```
N = stats. norm()
rvs = N.rvs(size=100000)
plt.hist(rvs, bins=1000)
plt.show()
```

A Figura 8.5 mostra a distribuição plotada.

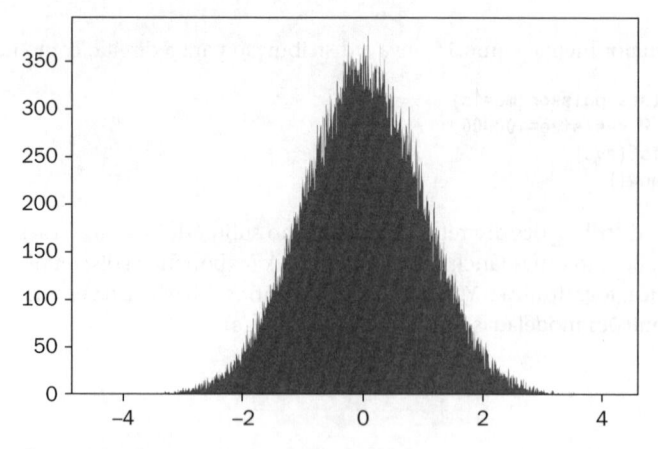

FIGURA 8.5 Curva em sino.

Você pode ver que a distribuição está centrada em 0 e fica mais ou menos entre –4 e 4. A Figura 8.6 mostra os efeitos de criar uma segunda distribuição normal, desta vez definindo o local para 30 e a escala para 50:

```
N1 = stats.norm(loc=30,scale=50)
rvs = N1.rvs(size=100000)
plt.hist(rvs, bins=1000)
plt.show()
```

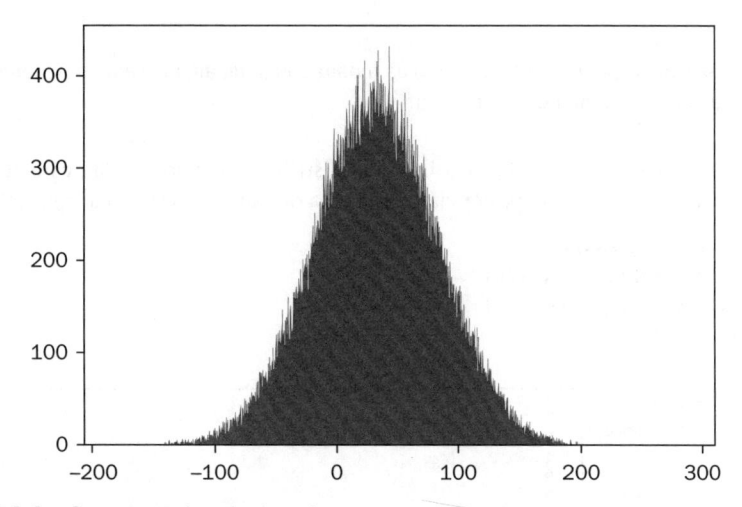

FIGURA 8.6 Curva em sino deslocada.

Observe que agora a distribuição está centrada em torno de 30 e inclui um intervalo muito maior de números. As distribuições contínuas compartilham algumas funções, que são modeladas na Listagem 8.2. Note que essa listagem usa a segunda distribuição Normal com o local de deslocamento e um desvio-padrão maior.

Listagem 8.2 Distribuição Normal

```
N1 = stats.norm(loc=30, scale=50)
N1.mean() # Mean of the distribution, which matches the loc value
30.0

N1.pdf(4) # Probability density function
0.006969850255179491

N1.cdf(2) # Cumulative distribution function
0.28773971884902705

N1.rvs() # A random sample
171.55168607574785
```

```
N1.var() # Variance
2500.0

N1.median()# Median
30.0

N1.std() # Standard deviation
50.0
```

> **Nota**
>
> Se você experimentar os exemplos mostrados aqui, alguns valores poderão diferir devido à geração de números aleatória.

A distribuição contínua a seguir é uma distribuição exponencial, caracterizada por uma curva com variação exponencial, para cima ou para baixo (veja a Figura 8.7):

```
E = stats.expon()
rvs = E.rvs(size=100000)
plt.hist(rvs, bins=1000)
plt.show()
```

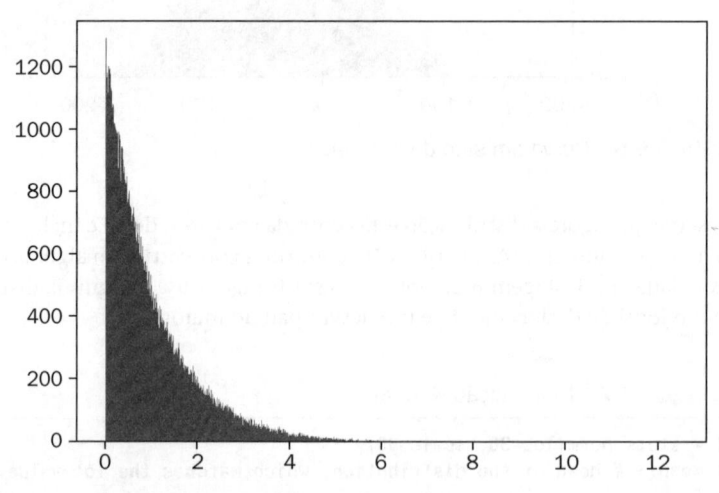

FIGURA 8.7 Distribuição com variação exponencial.

Veja que a Figura 8.7 mostra uma curva como você esperaria de uma função exponencial. A seguir está uma distribuição uniforme, que tem uma probabilidade constante e também é conhecida como distribuição retangular:

```
U = stats.uniform()
rvs = U.rvs(size=10000)
rvs
```

```
array([8.24645026e-01, 5.02358065e-01, 4.95390940e-01, ...,
       8.63031657e-01, 1.05270200e-04, 1.03627699e-01])

plt.hist(rvs, bins=1000)
plt.show()
```

Essa distribuição fornece uma probabilidade uniforme em um intervalo definido. Sua plotagem é mostrada na Figura 8.8.

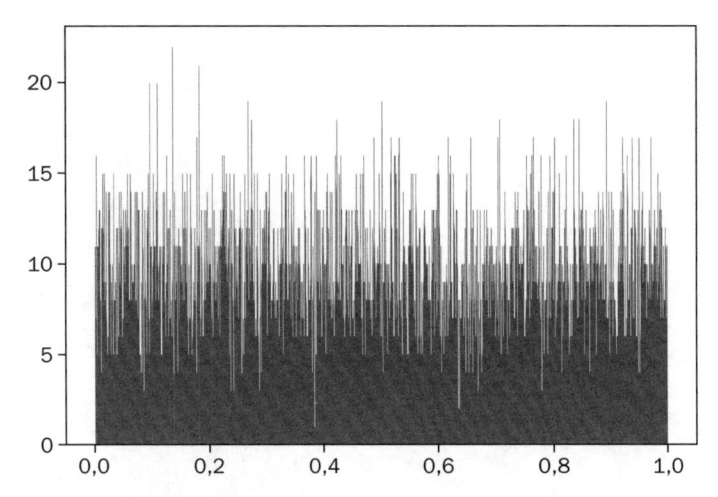

FIGURA 8.8 Distribuição uniforme.

Resumo

As bibliotecas NumPy e SciPy oferecem utilitários para resolver problemas matemáticos complexos. Essas duas bibliotecas cobrem uma grande variedade de recursos e livros inteiros foram dedicados à aplicação delas. Você viu apenas algumas das muitas capacidades. Essas bibliotecas são os primeiros lugares que você deve ver quando decide resolver ou modelar problemas matemáticos complexos.

Perguntas

1. Use o submódulo scipy.stats para modelar uma distribuição Normal com uma média 15.
2. Gere 25 amostras aleatórias a partir da distribuição modelada na Pergunta 1.
3. Qual submódulo scipy tem utilitários para a física matemática?
4. Qual método é fornecido com uma distribuição discreta para calcular seu desvio-padrão?

9
Pandas

Para esclarecer, *adicione* dados.
Edward R. Tufte

Neste capítulo

- Introdução aos Pandas DataFrames
- Criando DataFrames
- Introspeção do DataFrame
- Acessando dados
- Manipulando DataFrames
- Manipulando os dados do DataFrame

O Pandas DataFrame, baseado no array NumPy, provavelmente é a estrutura de dados mais usada. Os DataFrames são como planilhas turbinadas no código. São uma das ferramentas básicas usadas em ciência de dados. Este capítulo examina como criar DataFrames, manipular, acessar dados em DataFrames e manipular esses dados.

Sobre DataFrames

Um Pandas DataFrames, como uma planilha, é composto de colunas e linhas. Cada coluna é um objeto pandas.Series. Um DataFrame é, de certa forma, parecido com um array NumPy bidimensional, com rótulos para colunas e índice. Mas diferente do array NumPy, um DataFrame pode conter diferentes tipos de dados. Você pode considerar um objeto pandas.Series como um array NumPy unidimensional com rótulos. O objeto pandas.Series, como um array NumPy, pode conter apenas um tipo de dado. O objeto pandas.Series pode usar muitos dos mesmos métodos vistos com os arrays, como min(), max(), mean() e medium().

A convenção usual é importar o pacote Pandas com o álias pd:

```
import pandas as pd
```

Criando DataFrames

Você pode criar DataFrames com dados de muitas fontes, inclusive dicionários e listas, e a forma mais comum é lendo os arquivos. Pode criar um DataFrame vazio usando o construtor DataFrame:

```
df = pd.DataFrame()
print(df)
Empty DataFrame
Columns: []
Index: []
```

Mas como melhor prática, os DataFrames devem ser inicializados com dados.

Criando um DataFrame a partir do dicionário

É possível criar DataFrames a partir de uma lista de dicionários ou de um dicionário, com cada chave sendo um rótulo da coluna com os valores dessa chave mantendo os dados da coluna. A Listagem 9.1 mostra como gerar um DataFrame criando uma lista de dados para cada coluna, então criando um dicionário com os nomes da coluna como chaves e essas lista como valores. A listagem mostra como passar esse dicionário para o construtor DataFrame para gerar o DataFrame.

Listagem 9.1 Criando um DataFrame a partir do Dicionário

```
first_names = ['shanda', 'rolly', 'molly', 'frank',
               'rip', 'steven', 'gwen', 'arthur']

last_names = ['smith', 'brocker', 'stein', 'bach',
              'spencer', 'de wilde', 'mason', 'davis']

ages = [43, 23, 78, 56, 26, 14, 46, 92]
data = {'first':first_names,
        'last':last_names,
        'ages':ages}

participants = pd.DataFrame(data)
```

O DataFrame resultante, `participants`, fica como a seguir no Colab ou em um *notebook* Jupyter:

	first	last	ages
0	shanda	smith	43
1	rolly	brocker	23
2	molly	stein	78
3	frank	bach	56
4	rip	spencer	26
5	steven	de wilde	14
6	gwen	mason	46
7	arthur	davis	92

> **Nota**
>
> Neste capítulo, as tabelas DataFrame resultantes de um exemplo de código serão apresentadas como uma tabela após o código.

Você pode ver os rótulos da coluna no topo, os dados em cada linha e os rótulos do índice à esquerda.

Criando um DataFrame a partir da lista de listas

Você pode criar uma lista de listas, com cada sublista contendo os dados de uma linha, na ordem das colunas:

```
data = [["shanda", "smith", 43],
        ["rolly", "brocker", 23],
        ["molly", "stein", 78],
        ["frank", "bach", 56],
        ["rip", "spencer", 26],
        ["steven", "de wilde", 14],
        ["gwen", "mason", 46],
        ["arthur", "davis", 92]]
```

Então pode usar isso como o argumento dos dados:

```
participants = pd.DataFrame(data)
participants
```

Você obtém o mesmo resultado quando criou um DataFrame a partir do dicionário:

	0	1	2
0	shanda	smith	43
1	rolly	brocker	23
2	molly	stein	78
3	frank	bach	56
4	rip	spencer	26
5	steven	de wilde	14
6	gwen	mason	46
7	arthur	davis	92

Observe que o DataFrame resultante foi criado com nomes da coluna de inteiros. É o padrão se nenhum nome da coluna é fornecido. Você pode fornecer nomes da coluna explicitamente como uma lista de *strings*:

```
column_names = ['first', 'last', 'ages']
```

Do mesmo modo, pode fornecer rótulos do índice como uma lista:

```
index_labels = ['a', 'b', 'c', 'd', 'e', 'f', 'g', 'h']
```

Então esses rótulos são usados durante a inicialização, com os parâmetros columns e index:

```
participants = pd.DataFrame(data,
                    columns=column_names,
                    index=index_labels)
```

	first	last	ages
a	shanda	smith	43
b	rolly	brocker	23
c	molly	stein	78
d	frank	bach	56
e	rip	spencer	26
f	steven	de wilde	14
g	gwen	mason	46
h	arthur	davis	92

Criando um DataFrame a partir do arquivo

Embora criar DataFrames a partir de dicionários e listas seja possível, na grande maioria das vezes você irá criá-los a partir das fontes de dados existentes. Os arquivos são as fontes mais comuns. O Pandas fornece funções para criar DataFrames a partir de arquivos para muitos tipos comuns de arquivo, inclusive CSV, Excel, HTML, JSON e conexões do banco de dados SQL.

Digamos que você queira abrir um arquivo CSV a partir do site FiveThirtyEight, https://data.fivethirtyeight.com, sob o conjunto de dados college_majors. Após descompactar e fazer o upload do arquivo CSV para o Colab, abra-o simplesmente fornecendo seu caminho para a função read_csv do Pandas:

```
college_majors = pd.read_csv('/content/all-ages.csv')
college_majors
```

	Major	Major_category	Total	Unemployment_rate
0	GENERAL AGRICULTURE	Agriculture & Natural Resources	128148	0.026147
1	AGRICULTURE PRODUCTION AND MANAGEMENT	Agriculture & Natural Resources	95326	0.028636
2	AGRICULTURAL ECONOMICS	Agriculture & Natural Resources	33955	0.030248
...	...	...	...	...
170	MISCELLANEOUS BUSINESS & MEDICAL ADMINISTRATION	Business	102753	0.052679
171	HISTORY	Humanities & Liberal Arts	712509	0.065851
172	UNITED STATES HISTORY	Humanities & Liberal Arts	17746	0.073500

O Pandas usa os dados no arquivo CSV para determinar os rótulos e os tipos da coluna.

Interagindo com os dados do DataFrame

Assim que você carrega os dados em um DataFrame, deve examiná-los. O Pandas tem vários modos de acessar os dados em um DataFrame. Você pode examinar os dados por linhas, colunas, células individuais ou alguma combinação disso. Também pode extrair os dados com base em seu valor.

> **Nota**
>
> Quando eu carrego os dados pela primeira vez e não estou familiarizado com eles, começo dando uma olhada nas linhas superiores e verifico as estatísticas de resumo nos dados. Examinar as primeiras linhas de um DataFrame me dá uma ideia de como são os novos dados e me permite confirmar se os dados são como eu esperava.

Head e Tail

Para ver as primeiras linhas de um DataFrame, use o método head, que retorna as cinco primeiras linhas:

`college_majors.head()`

	Major	Major_category	Total	Unemployment_rate
0	GENERAL AGRICULTURE	Agriculture & Natural Resources	128148	0.026147
1	AGRICULTURE PRODUCTION AND MANAGEMENT	Agriculture & Natural Resources	95326	0.028636
2	AGRICULTURAL ECONOMICS	Agriculture & Natural Resources	33955	0.030248
3	ANIMAL SCIENCES	Agriculture & Natural Resources	103549	0.042679
4	FOOD SCIENCE	Agriculture & Natural Resources	24280	0.049188

O método head tem um parâmetro opcional, que especifica o número de linhas a retornar. Você especificaria as três primeiras linhas assim:

`college_majors.head(3)`

	Major	Major_category	Total	Unemployment_rate
0	GENERAL AGRICULTURE	Agriculture & Natural Resources	128148	0.026147
1	AGRICULTURE PRODUCTION AND MANAGEMENT	Agriculture & Natural Resources	95326	0.028636
2	AGRICULTURAL ECONOMICS	Agriculture & Natural Resources	33955	0.030248

O método `tail` funciona de modo parecido com `head`, mas retorna as linhas inferiores. Também tem um argumento opcional que especifica o número de linhas a retornar:

```
college_majors.tail()
```

	Major	Major_category	Total	Unemployment_rate
168	HOSPITALITY MANAGEMENT	Business	200854	0.051447
169	MANAGEMENT INFORMATION SYSTEMS AND STATISTICS	Business	156673	0.043977
170	MISCELLANEOUS BUSINESS & MEDICAL ADMINISTRATION	Business	102753	0.052679
171	HISTORY	Humanities & Liberal Arts	712509	0.065851
172	UNITED STATES HISTORY	Humanities & Liberal Arts	17746	0.073500

Estatística descritiva

Assim que examino as linhas de um DataFrame, gosto de ter uma ideia da forma dos dados. Uma ferramenta para fazer isso é o método `describe`, que produz várias estatísticas descritivas sobre os dados. Você pode chamar `describe` sem argumentos, como mostrado aqui:

```
college_majors.describe()
```

	Total	Unemployment_rate
count	1.730000e+02	173.000000
mean	2.302566e+05	0.057355
std	4.220685e+05	0.019177
min	2.396000e+03	0.000000
25%	2.428000e+04	0.046261
50%	7.579100e+04	0.054719
75%	2.057630e+05	0.069043
max	3.123510e+06	0.156147

Este método calcula a contagem, a média, o desvio-padrão, a mínima, a máxima e os quantis das colunas que contêm dados numéricos. Aceita argumentos opcionais para controlar quais tipos de dados são processados e os intervalos dos quantis retornados. Para mudar os quantis, use o argumento `percentiles`:

```
college_majors.describe(percentiles=[0.1, 0.9])
```

	Total	Unemployment_rate
count	1.730000e+02	173.000000
mean	2.302566e+05	0.057355
std	4.220685e+05	0.019177
min	2.396000e+03	0.000000
10%	9.775600e+03	0.037053
50%	7.579100e+04	0.054719
90%	6.739758e+05	0.080062
max	3.123510e+06	0.1561477

Este exemplo especifica percentis para 10 e 90%, em vez do padrão 25 e 75%. Observe que 50% é inserido, não importa o argumento.

Se quiser ver as estatísticas calculadas a partir de colunas não numéricas, pode especificar quais tipos de dados são processados. Faça isso usando a palavra-chave include. O valor passado para essa palavra-chave deve ser uma sequência de tipos de dados, que podem ser tipos de dados NumPy, como np.object. No Pandas, as *strings* são do tipo object, portanto o seguinte inclui colunas com tipos de dados de *string*:

```
import numpy as np
college_majors.describe(include=[np.object])
```

Isso também encontraria o nome de *string* do tipo de dados, que, no caso de np.object, seria object. O seguinte retorna as estatísticas adequadas ao tipo:

```
college_majors.describe(include=['object'])
```

Portanto para as *strings*, você obtém a contagem, o número de valores exclusivos, o valor mais alto e a frequência desse valor alto:

	Major	Major_category
count	173	173
unique	173	16
top	GEOSCIENCES	Engineering
freq	1	29

Você pode passar a *string* all em vez de uma lista de tipos de dados para produzir estatística para todas as colunas:

```
college_majors.describe(include='all')
```

	Major	Major_category	Total	Unemployment_rate
count	173	173	1.730000e+02	173.000000
unique	173	16	NaN	NaN
top	GEOSCIENCES	Engineering	NaN	NaN

	Major	Major_category	Total	Unemployment_rate
freq	1	29	NaN	NaN
mean	NaN	NaN	2.302566e+05	0.057355
std	NaN	NaN	4.220685e+05	0.019177
min	NaN	NaN	2.396000e+03	0.000000
25%	NaN	NaN	2.428000e+04	0.046261
50%	NaN	NaN	7.579100e+04	0.054719
75%	NaN	NaN	2.057630e+05	0.069043
max	NaN	NaN	3.123510e+06	0.156147

> **Nota**
> Onde uma estatística não é adequada para um tipo de dado, como no desvio-padrão para uma *string*, o valor NAN (não é número) é inserido.

No caso de você querer excluir certos tipos de dados, em vez de especificar quais incluir, o Pandas fornece o argumento exclude, que tem os mesmos tipos de argumento de include:

college_majors.describe(exclude=['int'])

Acessando dados

Depois de ter visto inicialmente uma estrutura usando head ou tail, e entendeu a forma dos dados usando describe, pode começar a examinar os dados e as colunas, linhas ou células individuais.

participants

	first	last	ages
a	shanda	smith	43
b	rolly	brocker	23
c	molly	stein	78
d	frank	bach	56
e	rip	spencer	26
f	steven	de wilde	14
g	gwen	mason	46
h	arthur	davis	92

Sintaxe com colchetes

Para acessar colunas ou linhas nos Pandas DataFrames, é preciso usar uma sintaxe com colchetes. Essa sintaxe é ótima para sessões interativas, nas quais você explora e lida com os dados, e usar isso é uma prática recomendada.

Para acessar uma única coluna, forneça o nome dela como argumento com colchetes, muito parecido com uma chave de dicionário:

```
participants['first']
a    shanda
b     rolly
c     molly
d     frank
e       rip
f    steven
g      gwen
h    arthur
Name: first, dtype: object
```

Veja que isso retorna os dados da coluna junto com seu índice, rótulo e tipo de dado. Se um nome da coluna não contém traços ou caracteres especiais, e se o nome da coluna não é igual a um atributo existente do DataFrame, acesse a coluna como um atributo.

Por exemplo, veja como acessar a coluna ages:

```
participants.ages
a    43
b    23
c    78
d    56
e    26
f    14
g    46
h    92
Name: ages, dtype: int64
```

Isso funcionaria com a coluna `first` ou `last`, pois isso já existe como atributos do DataFrame.

Para acessar várias colunas, especifique o rótulo da coluna como uma lista:

```
participants[['last', 'first']]
```

	last	first
a	smith	shanda
b	brocker	rolly
c	stein	molly
d	bach	frank
e	spencer	rip
f	de wilde	steven
g	mason	gwen

Isso retorna um DataFrame com apenas as colunas solicitadas.

A sintaxe com colchetes é sobrecarregada para permitir obter linhas e colunas. Para especificar as linhas, use uma fatia como argumento. Se a fatia usa inteiros, então esses inteiros representam os números da linha a retornar. Para retornar as linhas 3, 4 e 5 do DataFrame participants, por exemplo, você pode usar a fatia 3:6:

`participants[3:6]`

	first	last	ages
d	frank	bach	56
e	rip	spencer	26
f	steven	de wilde	14

Também pode fatiar usando os rótulos do índice. Ao usar rótulos para fatiar, o último valor é incluído. Portanto, para obter as linhas a, b e c, você fatia usando a:c:

`participants['a':'c']`

	first	last	ages
a	shanda	smith	43
b	rolly	brocker	23
c	molly	stein	78

É possível indicar quais linhas retornar usando uma lista de booleanos. A lista deve ter um booleano por linha: True para as linhas desejadas e False para as outras. O seguinte exemplo retorna a segunda, a terceira e a sexta linhas:

```
mask = [False, True, True, False, False, True, False, False]
participants[mask]
```

	first	last	ages
b	rolly	brocker	23
c	molly	stein	78
f	steven	de wilde	14

A sintaxe com colchetes fornece um modo muito conveniente e fácil de ler para acessar os dados. Em geral é usada em sessões interativas ao experimentar e explorar os DataFrames, mas não é otimizada para o desempenho com grandes conjuntos de dados. O modo recomendado de indexar nos DataFrames no código de produção ou para grandes conjuntos de dados é usar os indexadores loc e iloc do DataFrame. Eles usam uma sintaxe com colchetes muito parecida com o que você viu aqui. O indexador loc indexa usando rótulos e o iloc usa posições do índice.

Acesso otimizado por rótulo

Com o indexador `loc`, você pode fornecer um rótulo e os valores para essa linha serão retornados. Para obter os valores da linha rotulada com c, por exemplo, basta fornecer c como argumento:

```
participants.loc['c']
first    molly
last     stein
ages        78
Name: c, dtype: object
```

Você pode fornecer uma fatia de rótulos e mais uma vez, o último rótulo é incluído:

```
participants.loc['c':'f']
```

	first	last	ages
c	molly	stein	78
d	frank	bach	56
e	rip	spencer	26
f	steven	de wilde	14

Ou pode fornecer uma sequência de booleanos:

```
mask = [False, True, True, False, False, True, False, False]
participants.loc[mask]
```

	first	last	ages
b	rolly	brocker	23
c	molly	stein	78
f	steven	de wilde	14

Um segundo argumento opcional pode indicar quais colunas retornar. Se você deseja retornar todas as linhas da coluna `first`, por exemplo, especifique todas as linhas com uma fatia, uma vírgula e o rótulo da coluna:

```
participants.loc[:, 'first']
a    shanda
b     rolly
c     molly
d     frank
e       rip
f    steven
g      gwen
h    arthur
Name: first, dtype: object
```

Você poderia fornecer uma lista de rótulos da coluna:

`participants.loc[:'c', ['ages', 'last']]`

	ages	last
a	43	smith
b	23	brocker
c	78	stein

Ou fornecer uma lista de booleanos:

`participants.loc[:'c', [False, True, True]]`

	last	ages
a	smith	43
b	brocker	23
c	stein	78

Acesso otimizado por índice

O indexador `iloc` permite usar as posições do índice para selecionar linhas e colunas. Muito parecido com o que foi visto antes com colchetes, você pode usar um único valor para especificar uma linha:

```
participants.iloc[3]
first    frank
last     bach
ages     56
```

Name: d, dtype: object

Ou pode especificar várias linhas usando uma fatia:

`participants.iloc[1:4]`

	first	last	ages
b	rolly	brocker	23
c	molly	stein	78
d	frank	bach	56

Uma opção é indicar qual coluna retornar usando uma segunda fatia:

`participants.iloc[1:4, :2]`

	first	last
b	rolly	brocker
c	molly	stein
d	frank	bach

Máscara e filtro

Um recurso dos DataFrames é a capacidade de selecionar dados com base em valores. Você pode usar operadores de comparação com colunas para ver quais valores atendem a alguma condição. Por exemplo, se deseja ver quais linhas do DataFrame college_majors tem o valor Humanities & Liberal Arts como uma categoria principal, pode usar o operador de igualdade (==):

```
college_majors.Major_category == 'Humanities & Liberal Arts'
0      False
1      False
2      False
3      False
      ...
169    False
170    False
171    True
172    True
Name: Major_category, Length: 173, dtype: bool
```

Isso produz um objeto pandas.Series que contém True para cada linha que corresponde à condição. Uma série de booleanos é um pouco interessante, mas o poder real ocorre quando você a combina com um indexador para filtrar os resultados. Lembre-se de que loc retorna linhas para todo valor True de uma sequência de entrada. Você pode criar uma condição com base em um operador de comparação e uma linha, por exemplo, como mostrado aqui para o operador maior que e a linha Total:

```
total_mask = college_majors.loc[:, 'Total'] > 1200000
```

Use o resultado como uma máscara para selecionar apenas as linhas que atendem a essa condição:

```
top_majors = college_majors.loc[total_mask]
top_majors
```

	Major	Major_category	Total	Unemployment_rate
25	GENERAL EDUCATION	Education	1438867	0.043904
28	ELEMENTARY EDUCATION	Education	1446701	0.038359
114	PSYCHOLOGY	Psychology & Social Work	1484075	0.069667
153	NURSING	Health	1769892	0.026797
158	GENERAL BUSINESS	Business	2148712	0.051378
159	ACCOUNTING	Business	1779219	0.053415
161	BUSINESS MANAGEMENT AND ADMINISTRATION	Business	3123510	0.058865

É possível usar o método min() para verificar se o DataFrame resultante atende à condição:

```
top_majors.Total.min()
1438867
```

Agora digamos que você queira ver quais categorias maiores têm as menores taxas de desemprego. Você pode usar describe em uma coluna e com um DataFrame inteiro. Se usar describe na coluna Unemployment_rate, por exemplo, poderá ver que a taxa máxima para o percentil inferior é 0.046261:

```
college_majors.Unemployment_rate.describe()
count    173.000000
mean       0.057355
std        0.019177
min        0.000000
25%        0.046261
50%        0.054719
75%        0.069043
max        0.156147
Name: Unemployment_rate, dtype: float64
```

Você pode criar uma máscara para todas as linhas com uma taxa de desemprego menor ou igual a isto:

```
employ_rate_mask = college_majors.loc[:, 'Unemployment_rate'] <= 0.046261
```

Pode usar essa máscara para produzir um DataFrame com apenas estas linhas:

```
employ_rate_majors = college_majors.loc[employ_rate_mask]
```

Então pode usar o método unique do objeto pandas.Series para ver quais categorias maiores estão no DataFrame resultante:

```
employ_rate_majors.Major_category.unique()
array(['Agriculture & Natural Resources', 'Education', 'Engineering',
       'Biology & Life Science', 'Computers & Mathematics',
       'Humanities & Liberal Arts', 'Physical Sciences', 'Health',
       'Business'], dtype=object)
```

Todas essas categorias têm, pelo menos, uma linha com uma taxa de emprego que atende a condição.

Operadores Booleanos do Pandas

Você pode usar três operadores booleanos AND (&), OR (|) e NOT (~) com os resultados de suas condições. Use & ou | para combinar as condições e criar condições mais complexas. Use ~ para criar uma máscara que é o oposto da sua condição.

Por exemplo, você pode usar AND para criar uma nova máscara com base nas anteriores para ver quais categorias maiores entre as mais populares têm uma baixa taxa de desemprego. Para tanto, use o operador & entre as máscaras existentes para produzir uma nova:

```
total_rate_mask = employ_rate_mask & total_mask
total_rate_mask
0    False
1    False
2    False
3    False
4    False
    ...
```

```
168    False
169    False
170    False
171    False
172    False
Length: 173, dtype: bool
```

Examinando o DataFrame resultante, você pode ver qual das mais populares tem as menores taxas de desemprego:

```
college_majors.loc[total_rate_mask]
```

	Major	Major_category	Total	Unemployment_rate
25	GENERAL EDUCATION	Education	1438867	0.043904
28	ELEMENTARY EDUCATION	Education	1446701	0.038359
153	NURSING	Health	1769892	0.026797

É possível usar o operador ~ com sua máscara da taxa de emprego para criar um DataFrame cujas linhas têm uma taxa de emprego maior que o percentil inferior:

```
lower_rate_mask = ~employ_rate_mask
lower_rate_majors = college_majors.loc[lower_rate_mask]
```

Pode verificar isso usando o método `min` na coluna `Unemployment_rate` para ver o que está acima da taxa superior do percentil inferior:

```
lower_rate_majors.Unemployment_rate.min()
0.046261360999999994
```

Para selecionar todas as linhas que se encaixam na condição das superiores ou na condição da taxa de emprego, use o operador |:

```
college_majors.loc[total_mask | employ_rate_mask]
```

O DataFrame resultante contém todas as linhas que entram na condição.

Manipulando DataFrames

Assim que você tem os dados necessários em um DataFrame, pode querer mudá-lo. Pode renomear as colunas ou os índices, pode adicionar novas colunas e linhas, e pode excluir colunas e linhas.

Mudar o rótulo de uma coluna é simplesmente usar o método `rename` do DataFrame. É como você usa o atributo de colunas do DataFrame para ver os nomes da coluna atuais:

```
participants.columns
Index(['first', 'last', 'ages'], dtype='object')
```

Então pode renomear as colunas escolhidas fornecendo um dicionário que mapeia cada antigo nome da coluna para o novo. Por exemplo, veja como mudar o rótulo da coluna ages para Age:

```
participants.rename(columns={'ages': 'Age'})
```

	first	last	Age
a	shanda	smith	43
b	rolly	brocker	23
c	molly	stein	78
d	frank	bach	56
e	rip	spencer	26
f	steven	de wilde	14
g	gwen	mason	46
h	arthur	davis	92

Por padrão, o método rename retorna um novo DataFrame usando os novos rótulos da coluna. Portanto se você verificar os nomes da coluna do DataFrame original de novo, verá o antigo nome da coluna:

```
participants.columns
Index(['first', 'last', 'ages'], dtype='object')
```

É como funcionam muitos métodos DataFrame (preservando o estado original). Muitos desses métodos oferecem um argumento inplace opcional, que, se definido para True, retorna o DataFrame original:

```
participants.rename(columns={'ages':'Age'}, inplace=True)
participants.columns

Index(['first', 'last', 'Age'], dtype='object')
```

Use a sintaxe do indexador para criar novas colunas. Para tanto, basta acessar a coluna como se ela já existisse usando um indexador e os valores citados:

```
participants['Zip Code'] = [94702, 97402, 94223, 94705,
                            97503, 94705, 94111, 95333]
participants
```

	first	last	Age	Zip Code
a	shanda	smith	43	94702
b	rolly	brocker	23	97402
c	molly	stein	78	94223
d	frank	bach	99	94705
e	rip	spencer	26	97503
f	steven	de wilde	14	94705
g	gwen	mason	46	94111
h	arthur	davis	92	95333

Você pode usar operações entre as colunas, como uma adição de *strings*, para criar valores para uma nova coluna. Se decidir que deseja adicionar uma coluna com os nomes completos dos participantes, poderá construir os valores a partir das colunas existentes para nome e sobrenome:

```
participants['Full Name'] = ( participants.loc[:, 'first'] +
                              participants.loc[:, 'last'] )
```

participants

	first	last	Age	Zip Code	Full Name
a	shanda	smith	43	94702	shandasmith
b	rolly	brocker	23	97402	rollybrocker
c	molly	stein	78	94223	mollystein
d	frank	bach	99	94705	frankbach
e	rip	spencer	26	97503	ripspencer
f	steven	de wilde	14	94705	stevende wilde
g	gwen	mason	46	94111	gwenmason
h	arthur	davis	92	95333	arthurdavis

É possível atualizar uma coluna usando a mesma sintaxe. Por exemplo, se você decide que os valores na coluna de nome completo devem ter um espaço em branco entre os nomes, pode atribuir novos valores usando o mesmo nome da coluna:

```
participants['Full Name'] = ( participants.loc[:, 'first'] +
                              ' ' +
                              participants.loc[:, 'last'] )
```
participants

	first	last	Age	Zip Code	Full Name
a	shanda	smith	43	94702	shanda smith
b	rolly	brocker	23	97402	rolly brocker
c	molly	stein	78	94223	molly stein
d	frank	bach	99	94705	frank bach
e	rip	spencer	26	97503	rip spencer
f	steven	de wilde	14	94705	steven de wilde
g	gwen	mason	46	94111	gwen mason
h	arthur	davis	92	95333	arthur davis

Manipulando dados

O Pandas tem muitos modos de mudar os dados em um DataFrame. Você pode definir os valores usando os mesmos indexadores de antes. Pode fazer operações em DataFrames inteiros ou em colunas individuais.

E pode aplicar funções para mudar os elementos em uma coluna ou criar novos valores a partir de várias linhas ou colunas.

Para mudar os dados usando um indexador, selecione o local onde deseja que os novos dados residam do mesmo modo como seleciona para exibir os dados, então atribua um novo valor. Para mudar arthur na linha h para Paul, por exemplo, use loc:

```
participants.loc['h', 'first'] = 'Paul'
participants
```

	first	last	Age	Zip Code	Full Name
a	shanda	smith	43	94702	shanda smith
b	rolly	brocker	23	97402	rolly brocker
c	molly	stein	78	94223	molly stein
d	frank	bach	99	94705	frank bach
e	rip	spencer	26	97503	rip spencer
f	steven	de wilde	14	94705	steven de wilde
g	gwen	mason	46	94111	gwen mason
h	paul	davis	92	95333	arthur davis

Como alternativa, use iloc para definir a idade de Molly na linha c para 99:

```
participants.iloc[3, 2] = 99
participants
```

	first	last	Age	Zip Code	Full Name
a	shanda	smith	43	94702	shanda smith
b	rolly	brocker	23	97402	rolly brocker
c	molly	stein	78	94223	molly stein
d	frank	bach	99	94705	frank bach
e	rip	spencer	26	97503	rip spencer
f	steven	de wilde	14	94705	steven de wilde
g	gwen	mason	46	94111	gwen mason
h	paul	davis	92	95333	arthur davis

Isso deve parecer bem simples se você o considera como uma variação da atribuição indexada que usou com listas e dicionários.

Anteriormente no capítulo, você usou operações entre as colunas para construir valores para uma nova coluna. Também pode usar operadores no local, como +=, -= e /=, para mudar os valores em uma coluna. Para subtrair 1 da idade de cada participante, por exemplo, use o operador -=.

```
participants.Age -= 1
participants
```

	first	last	Age	Zip Code	Full Name
a	shanda	smith	42	94702	shanda smith
b	rolly	brocker	22	97402	rolly brocker
c	molly	stein	77	94223	molly stein
d	frank	bach	98	94705	frank bach
e	rip	spencer	25	97503	rip spencer
f	steven	de wilde	13	94705	steven de wilde
g	gwen	mason	45	94111	gwen mason
h	paul	davis	91	95333	arthur davis

Método `replace`

O método `replace` encontra e substitui os valores em um DataFrame. Por exemplo, você pode usá-lo para substituir o nome `rolly` por `Smiley`:

`participants.replace('rolly', 'Smiley')`

	first	last	Age	Zip Code	Full Name
a	shanda	smith	42	94702	shanda smith
b	smiley	brocker	22	97402	rolly brocker
c	molly	stein	77	94223	molly stein
d	rank	bach	98	94705	frank bach
e	rip	spencer	25	97503	rip spencer
f	steven	de wilde	13	94705	steven de wilde

Esse método também funciona com expressões regulares. Veja como construir uma expressão regular que combina com as palavras que iniciam com s e substitui s por S:

`participants.replace(r'(s)([a-z]+)', r'S\2', regex=True)`

	first	last	Age	Zip Code	Full Name
a	shanda	smith	42	94702	Shanda Smith
b	rolly	brocker	22	97402	rolly brocker
c	molly	stein	77	94223	molly Stein
d	frank	bach	98	94705	frank bach
e	rip	spencer	25	97503	rip Spencer
f	steven	de wilde	13	94705	Steven de wilde
g	gwen	mason	45	94111	gwen mason
h	paul	davis	91	95333	arthur davis

Os DataFrames e o objeto pandas.Series têm um método apply() que pode chamar uma função nos valores. No caso de um objeto pandas.Series, o método apply() chama uma função escolhida em todo valor no objeto pandas.Series individualmente.

Digamos que você define uma função que coloca com letras iniciais maiúsculas qualquer *string* passada:

```
def cap_word(w):
    return w.capitalize()
```

Então se você a passa como um argumento para apply() na coluna first, ela coloca com letras maiúsculas cada nome:

```
participants.loc[:, 'first'].apply(cap_word)
a      Shanda
b       Rolly
c       Molly
d       Frank
e         Rip
f      Steven
g        Gwen
h        Paul
Name: first, dtype: object
```

No caso de um DataFrame, apply obtém uma linha como argumento, permitindo produzir novos valores a partir das colunas dessa linha. Digamos que você defina uma função que usa valores a partir das colunas first e Age:

```
def say_hello(row):
    return f'{row["first"]} is {row["Age"]} years old.'
```

Então pode aplicar a função no DataFrame inteiro:

```
participants.apply(say_hello, axis=1)
a       shanda is 42 years old.
B        rolly is 22 years old.
c        molly is 77 years old.
d        frank is 98 years old.
e          rip is 25 years old.
F       steven is 13 years old.
g         gwen is 45 years old.
h         paul is 91 years old.
dtype: object
```

É possível usar esse método para chamar uma função em linhas ou colunas. Use o argumento axis para indicar se sua função deve esperar uma linha ou uma coluna.

Exibição interativa

Se você trabalha com DataFrames no Colab, deve tentar executar este fragmento:

```
%load_ext google.colab.data_table
```

Isso torna interativa a saída dos seus DataFrames, permitindo filtrar e selecionar de modo interativo.

Resumo

Um Pandas DataFrame é uma ferramenta poderosa para trabalhar com dados em um ambiente de planilha. Você pode criar DataFrames a partir de muitas fontes, mas criar um DataFrame a partir de um arquivo é mais comum. É possível estender os DataFrames com novas colunas e linhas. Pode acessar os dados em si usando indexadores poderosos, que você também pode usar para definir dados. Os DataFrames fornecem uma ótima maneira de explorar e manipular os dados.

Perguntas

Use esta tabela para responder às seguintes perguntas:

Sample Size (mg)	%P	%Q
0.24	40	60
2.34	34	66
0.0234	12	88

1. Crie um DataFrame representando essa tabela.
2. Adicione uma nova coluna rotulada como Total Q que contém a quantidade de Q (em mg) para cada amostra.
3. Divida as colunas %P e %Q por 100.

10
Bibliotecas de visualização

O maior valor de uma imagem é quando ela nos força a observar o que nunca esperávamos ver.

John Tukey

Neste capítulo
- Criando e estilizando plotagens com `matplotlib`
- Plotando com Seaborn e temas Seaborn
- Plotagens com Plotly e Bokeh

Visualizar dados é essencial para explorar e apresentar os dados. O ditado "uma imagem vale mais que mil palavras" certamente se aplica a entender os dados. Muitas vezes você pode obter ideias a partir das visualizações que não são óbvias na síntese estatística. O estatístico Francis Anscombe criou os famosos quatro conjuntos de dados cuja síntese estatística era quase idêntica, mas variava muito quando plotada.

Explicar seus dados também costuma ficar mais fácil quando você tem visualizações. Pense em como são eficientes os gráficos e as plotagens nas apresentações. Por sorte, existem algumas bibliotecas no Python designadas para a visualização.

matplotlib

`matplotlib` é uma ferramenta básica para criar gráficos prontos para a publicação. É muito usada sozinha e também como a base de outras bibliotecas de plotagem. Faz parte do ecossistema SciPy, junto com NumPy e Pandas. É um projeto muito grande com amplas capacidades, mas devido a esse tamanho, pode ser complicado de usar.

Existem várias interfaces para usar matplotlib. Uma que você pode ver se pesquisar online, em especial em exemplos mais antigos, é pylab, que normalmente é importada assim:

from matplotlib.pylab import *

Embora esses exemplos mais antigos tenham certo uso, utilizar agora pylab não é recomendado. Foi originalmente criada para simular um ambiente parecido com o MATPLOT, que é uma ferramenta de plotagem matemática não Python. Mas importar todo o conteúdo de um módulo, o que acontece com import *, normalmente é visto com uma prática ruim em Python. O recomendado é importar explicitamente apenas o que você usará.

A interface recomendada para matplotlib é pyplot, que, por convenção, tem o álias plt:

import matplotlib.pyplot as plt

Os dois conceitos principais em matplotlib são imagens e eixos. As *imagens* são usadas para fazer o gráfico dos dados. Os *eixos* são áreas onde os pontos podem ser especificados usando coordenadas. Os eixos são visualizados usando imagens. Uma imagem pode ter vários eixos, mas um eixo pode ser anexado a apenas uma imagem.

matplotlib oferece duas abordagens para criar imagens e eixos: de modo explícito ou implícito. Os exemplos a seguir mostram a abordagem implícita.

Existem alguns métodos de plotagem, como plt.plot e plt.hist, que plotam o eixo e a imagem atuais. Esses métodos criam um eixo e uma figura-mãe se uma ainda não existir.

O método plt.plot cria uma linha plotada com base nos valores x e y, como mostrado na Figura 10.1:

[X = [0, 1, 2, 3, 4, 5, 7, 8, 9, 10]
Y = [20, 25, 35, 50, 10, 12, 20, 40, 70, 110]
plt.plot(X, Y)

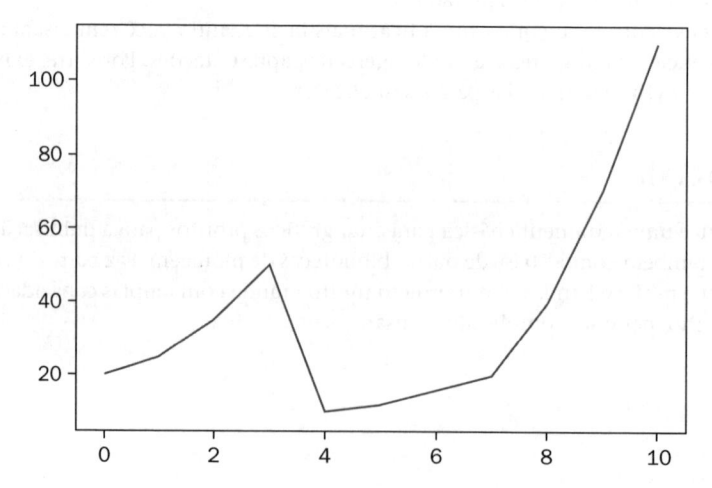

FIGURA 10.1 Linha plotada com base nos valores x e y.

Estilos de plotagem

É possível controlar o estilo de uma plotagem usando dois mecanismos diferentes. Um é usar uma das propriedades da classe matplotlib.Line2D. Essas propriedades controlam os marcadores usados na plotagem, o estilo da linha e a cor. Você pode encontrar uma lista completa das propriedades matplotlib.Line2D na documentação de matplotlib (https://matplotlib.org/3.3.3/api/_as_gen/matplotlib.lines.Line2D.html).

Você pode usar estas palavras-chave como argumentos para plt.plot. Esta seção demonstra o uso das propriedades marker, linestyle e color.

Os tipos de marcador disponíveis são:

.	marcador ponto
,	marcador pixel
o	marcador círculo
v	marcador triângulo invertido
^	marcador triângulo para cima
<	marcador triângulo à esquerda
>	marcador triângulo à direita
1	marcador tri para baixo
2	marcador tri para cima
3	marcador tri à esquerda
4	marcador tri à direita
s	marcador quadrado
p	marcador pentágono
*	marcador asterisco
h	marcador hexágono1
H	marcador hexágono2
+	marcador mais
x	marcador x
D	marcador losango
d	marcador losango fino
|	marcador linha vertical
_	marcador linha horizontal

Especifique um tipo de marcador usando a palavra-chave marker. Este exemplo define os marcadores como quadrados (veja a Figura 10.2):

```
X = [0, 1, 2, 3, 4, 5, 7, 8, 9, 10]
Y = [20, 25, 35, 50, 10, 12, 20, 40, 70, 110]
plt.plot(X, Y, marker='s')
```

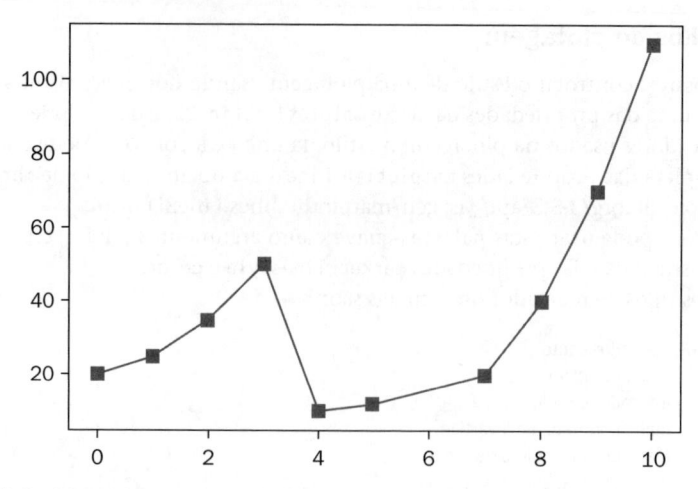

FIGURA 10.2 Marcadores como plotagem com quadrados.

Estes são os estilos de linha disponíveis:

```
-      estilo linha sólida
--     estilo linha tracejada
-.     estilo linha tracejada e ponto
:      estilo linha pontilhada
```

Você pode usar a palavra-chave linestyle para definir o estilo de linha (veja a Figura 10.3):

```
X = [0, 1, 2, 3, 4, 5, 7, 8, 9, 10]
Y = [20, 25, 35, 50, 10, 12, 20, 40, 70, 110]
plt.plot(X, Y, marker='s', linestyle=':')
```

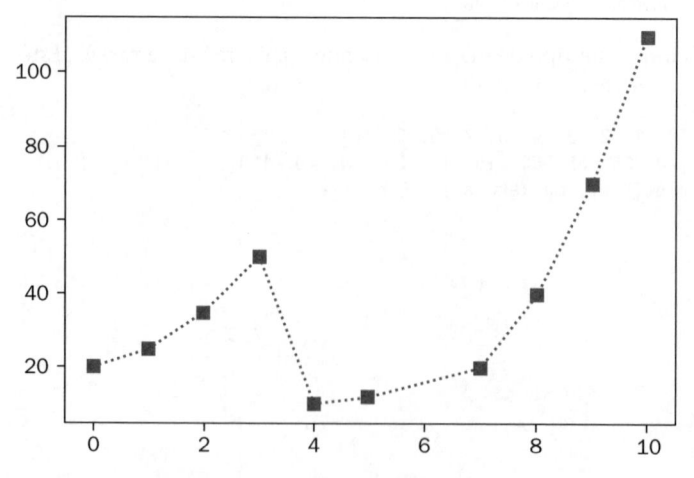

FIGURA 10.3 Conjunto de parâmetros com a palavra-chave linestyle.

Estas são as cores disponíveis:

b	azul
g	verde
r	vermelho
c	ciano
m	magenta
y	amarelo
k	preto
w	branco

Você pode definir a cor usando a palavra-chave color. Se experimentar o exemplo, verá a mesma plotagem da Figura 10.3, mas com cores:

```
X = [0, 1, 2, 3, 4, 5, 7, 8, 9, 10]
Y = [20, 25, 35, 50, 10, 12, 20, 40, 70, 110]
plt.plot(X, Y, marker='s', linestyle=':', color='m')
```

Um modo alternativo de definir as propriedades do estilo é usar o parâmetro fmt. É um parâmetro da posição que aparece à direita do parâmetro Y. Consiste em uma *string* de formato que usa um atalho para o marcador, o estilo de linha e as configurações da cor. A *string* de formato tem a forma [marcador][linha][cor], com todas as seções sendo opcionais. Por exemplo, para a plotagem na Figura 10.4, você pode definir os marcadores para quadrados, o estilo de linha para tracejado e a cor para vermelho usando a *string* de formato s-.r:

```
X = [0, 1, 2, 3, 4, 5, 7, 8, 9, 10]
Y = [20, 25, 35, 50, 10, 12, 20, 40, 70, 110]
fmt = 's-.r'
plt.plot(X, Y, fmt)
```

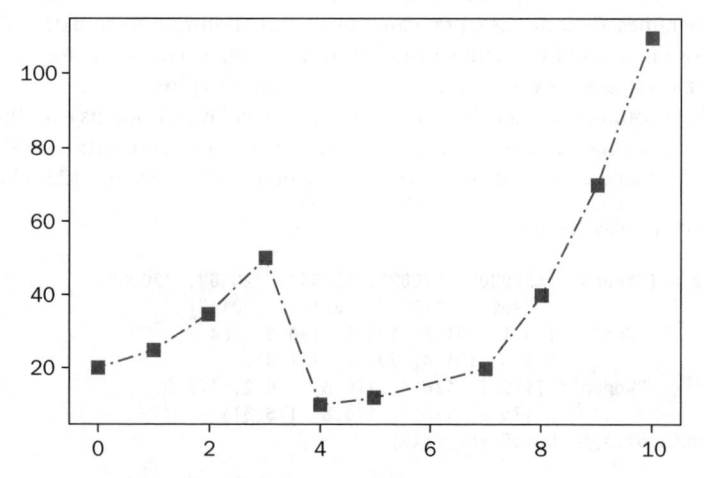

FIGURA 10.4 Linha plotada usando a string de formato s-.r.

Use uma string de formato e um argumento de palavra-chave juntos. Por exemplo, a plotagem na Figura 10.5 combina a *string* de formato `'s-.r'` com a palavra-chave `linewidth`:

```
X = [0, 1, 2, 3, 4, 5, 7, 8, 9, 10]
Y = [20, 25, 35, 50, 10, 12, 20, 40, 70, 110]
fmt = 's-.r'
plt.plot(X, Y, fmt, linewidth=4.3)
```

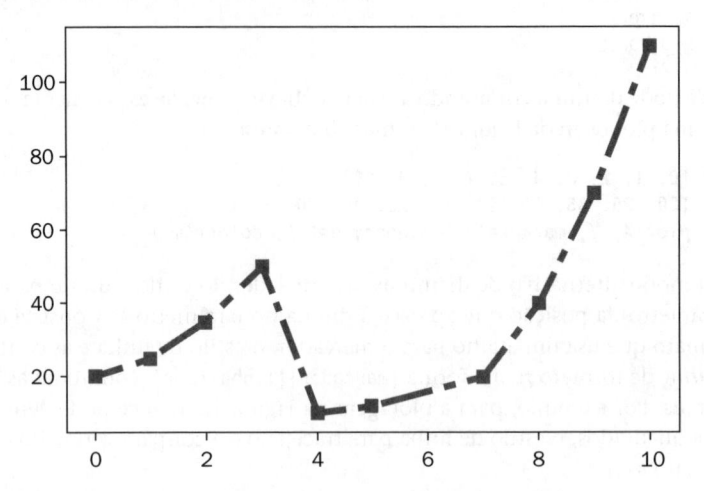

FIGURA 10.5 Linha plotada e formatada com a palavra-chave `linewidth`.

Dados rotulados

As funções de plotagem de `matplotlib` podem usar dados rotulados, inclusive Pandas DataFrames, dicionários e praticamente qualquer outra estrutura de dados para a qual os dados são acessados usando a sintaxe com colchetes. Em vez de fornecer uma sequência de valores para x e y, você fornece os rótulos apropriados.

Veja como criar um DataFrame das alturas médias de homens e mulheres norte-americanos em um período de 16 anos, com base nos dados dos Centros de Controle e Prevenção de Doenças (veja https://www.cdc.gov/nchs/data/nhsr/nhsr122-508.pdf):

```
import pandas as pd

data = {"Years": ["2000", "2002", "2004", "2006", "2008",
                  "2010", "2012", "2014", "2016"],
        "Men": [189.1, 191.8, 193.5, 196.0, 194.7,
                196.3, 194.4, 197.0, 197.8],
        "Women": [175.7, 176.4, 176.5, 176.2, 175.9,
                  175.9, 175.7, 175.8, 175.3]}
heights_df = pd.DataFrame(data)
```

Você pode criar uma linha plotada das alturas das mulheres especificando os rótulos das colunas para usar para x e y, assim como o DataFrame a partir do qual obter os dados (veja a Figura 10.6):

```
plt.plot('Years', 'Women', data=heights_df)
```

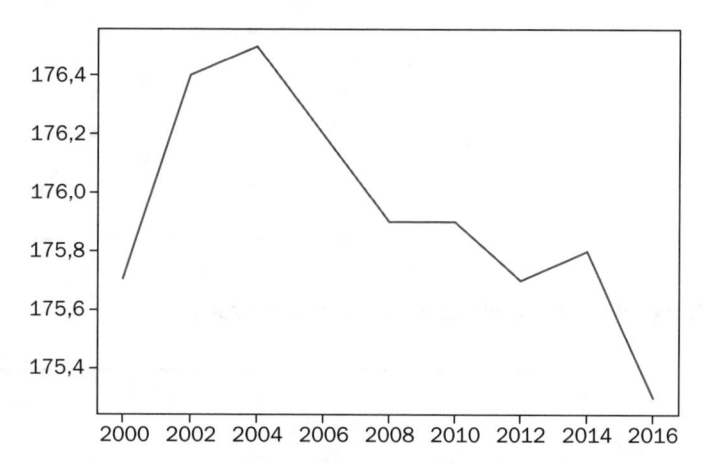

FIGURA 10.6 Linha plotada com os rótulos x e y especificados.

Plotando múltiplos conjuntos de dados

Existem três abordagens para plotar múltiplos conjuntos de dados no mesmo gráfico. O primeiro é chamar a função de plotagem várias vezes:

```
X = [0, 1, 2, 3, 4, 5, 7, 8, 9, 10]
Y = [20, 25, 35, 50, 10, 12, 20, 40, 70, 110]
fmt = 's-.r'

X1 = [0, 1, 2, 3, 4, 5, 7, 8, 9, 10]
Y2 = [90, 89, 87, 82, 72, 60, 45, 28, 10, 0]
fmt2 = '^k:'
plt.plot(X, Y, fmt)
plt.plot(X1, Y2, fmt2)
```

Lembre-se de que plt.plot usa o eixo e a imagem atuais. Isso significa que as várias chamadas continuarão a compartilhar a mesma imagem e plotagem. Você pode ver diversas plotagens na mesma imagem na Figura 10.7.

O segundo modo para plotar vários conjuntos de dados no mesmo gráfico é passar múltiplos conjuntos de dados para a função de plotagem diretamente:

```
plt.plot(X, Y, fmt, X1, Y2, fmt2)
```

Para os dados rotulados, você pode passar vários rótulos e cada coluna será adicionada ao gráfico (veja a Figura 10.8):

```
plt.plot('Years', 'Women', 'Men', data=heights_df)
```

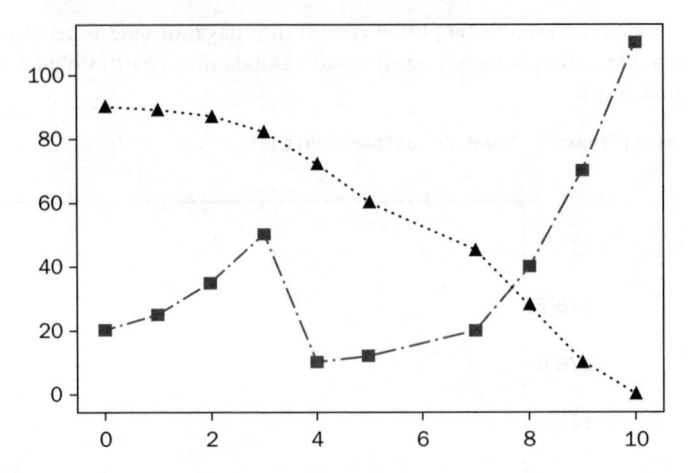

FIGURA 10.7 Várias plotagens na mesma imagem.

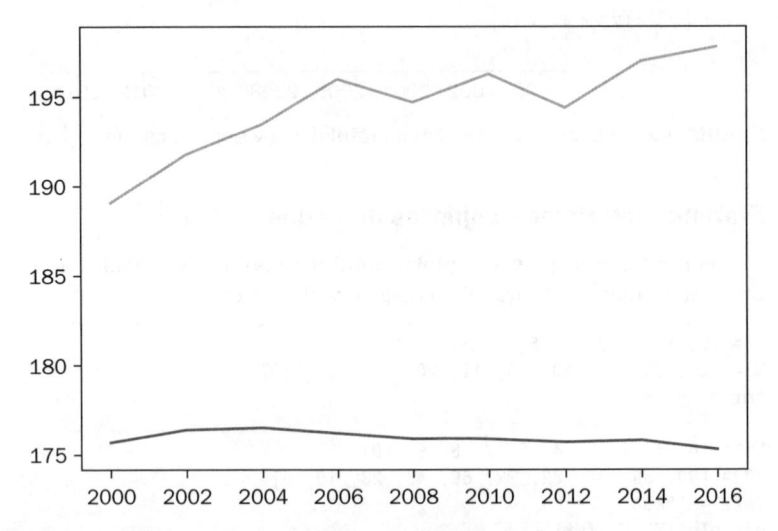

FIGURA 10.8 Linha plotada com múltiplos conjuntos de dados.

matplotlib oferece funções convenientes para adicionar rótulos, título e legenda do gráfico. Você pode criar uma versão rotulada da plotagem na Figura 10.8 como a seguir (veja a Figura 10.9):

```
plt.plot('Years', 'Women', 'Men', data=heights_df)
plt.xlabel('Year')
plt.ylabel('Height (Inches)')
plt.title("Heights over time")
plt.legend(['Women', 'Men'])
```

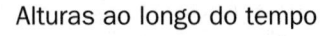

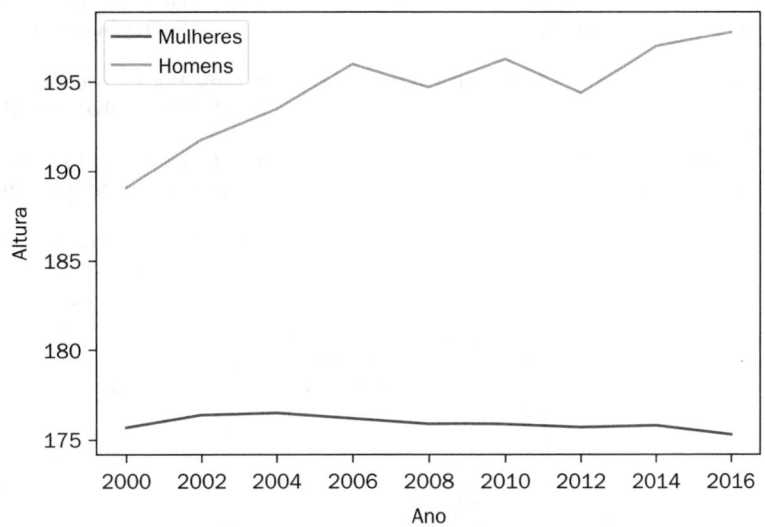

FIGURA 10.9 Adicionando múltiplos rótulos a uma plotagem.

Estilo orientado a objetos

O modo implícito de lidar com imagens e eixos que você viu até este ponto no capítulo é prático para explorar os dados, sobretudo em um ambiente interativo. matplotlib também permite lidar com imagens e eixos diretamente, dando mais controle. A função plt.subplots() retorna uma imagem e todos os eixos especificados. Então você pode plotar nos eixos do mesmo modo como usa uma plotagem implícita:

```
fig, ax = plt.subplots()
ax.plot('Years', 'Women', 'Men', data=heights_df)
ax.set_xlabel('Year')
ax.set_ylabel('Height (Inches)')
ax.set_title("Heights over time")
ax.legend(['Women', 'Men'])
```

Os resultados irão corresponder aos plotados usando os mesmos dados na Figura 10.9.

Se você quiser criar vários gráficos na mesma imagem, poderá especificar diversos eixos, como mostrado na Listagem 10.1. O primeiro argumento especifica o número de linhas e o segundo especifica o número de colunas. A Figura 10.10 mostra um exemplo de criação de dois eixos em uma imagem.

Listagem 10.1 Criando Múltiplos Eixos

```
fig, (ax1, ax2) = plt.subplots(1, 2).        # Create one figure and two axes

ax1.plot('Years', 'Women', data=heights_df) # Plot women by years on axis one
ax1.set_xlabel('Year')                      # Label the x axis of the first axis
```

```
ax1.set_ylabel('Height (Inches)')      # Label the y axis of the first axis
ax1.set_title("Women")                 # Set the title of the first axis
ax1.legend(['Women'])                  # Set the legend of the first axis

ax2.plot('Years', 'Men', data=heights_df )  # Plot the second axis
ax2.set_xlabel('Year')                 # Set the x label for the second
axis
ax2.set_title("Men")                   # Set the title for the second axis
ax2.legend(['Men'])                    # Set the legend for the second axis

fig.autofmt_xdate(rotation=65)         # Rotate the date labels
```

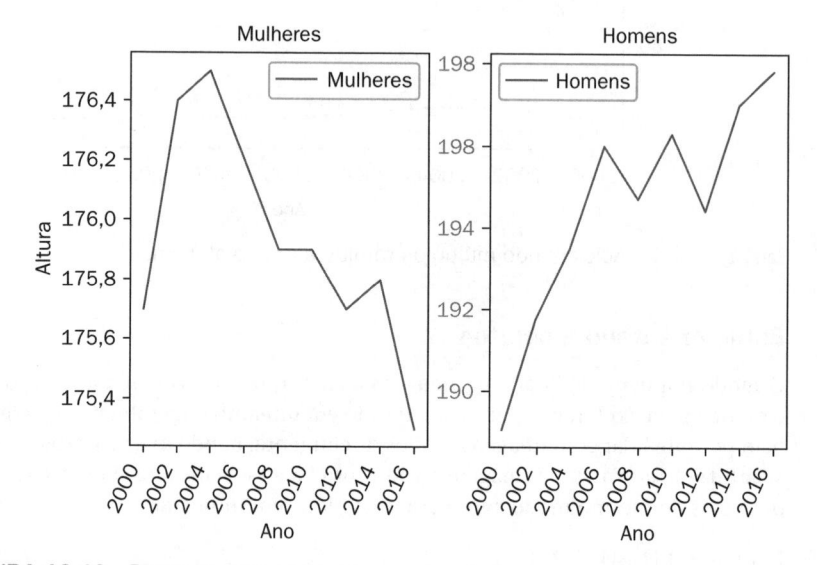

FIGURA 10.10 Plotando dois eixos em uma imagem.

O estilo implícito de plotar é ótimo para explorar dados em um modo interativo. O estilo explícito lhe dá muito mais controle e normalmente é recomendado para plotar no código de produção.

Seaborn

Seaborn é uma biblioteca de plotagem estatística criada com base em matplotlib. É para facilitar a criação de gráficos estatísticos bonitos e é conhecida, entre outras coisas, por ter um estilo padrão normalmente com melhor aparência que as outras bibliotecas oferecem.

Por convenção, Seaborn é importada como sns:

```
import seaborn as sns
```

Seaborn inclui uma série de conjuntos de dados de exemplo que são usados na documentação fornecida e tutoriais. Esses conjuntos de dados também fornecem uma fonte de dados conveniente ao explorar os recursos do Seaborn. Você carrega os conjuntos de dados, como Pandas DataFrames, usando a função sns.load_dataset(), com o nome do conjunto de dados como um argumento. Os conjuntos de dados disponíveis estão listados em https://github.com/mwaskom/seaborn-data.

Este exemplo mostra como carregar um conjunto de dados de acidentes de carro, então seleciona as colunas para trabalhar:

```
car_crashes = sns.load_dataset('car_crashes')
car_crashes = car_crashes[['total', 'not_distracted', 'alcohol']]
```

O exemplo usa a função sns.relplot() do Seaborn para plotar a relação entre duas colunas (veja a Figura 10.11):

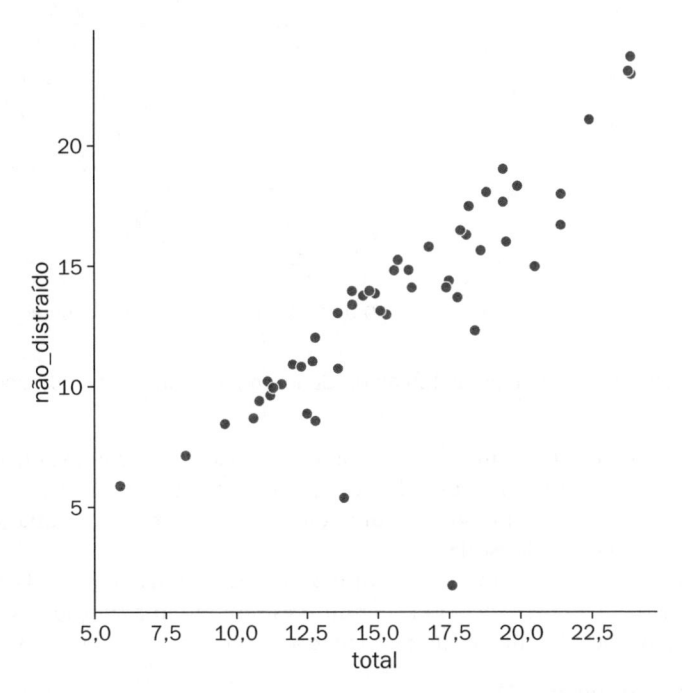

```
sns.relplot(data=car_crashes,
            x='total',
            y='not_distracted')
```

FIGURA 10.11 Usando a função sns.relplot() do Seaborn para plotar a relação entre duas colunas.

Temas do Seaborn

Usar os temas do Seaborn é um modo fácil de controlar a aparência dos gráficos. Para usar o tema padrão dele, use a seguinte função:

```
sns.set_theme()
```

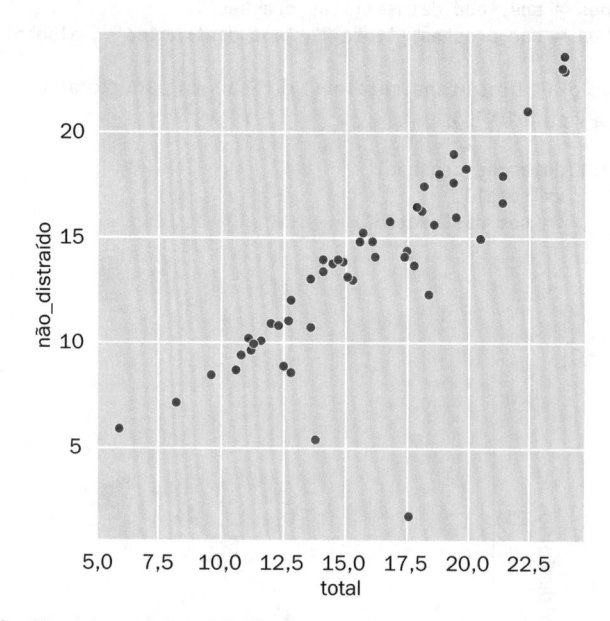

Você pode plotar de novo os dados para ver a nova aparência mostrada na Figura 10.12:

```
sns.relplot(data=car_crashes,
            x='total',
            y='not_distracted')
```

FIGURA 10.12 Usando os temas do Seaborn para controlar a aparência do gráfico.

Quando você define um tema do Seaborn, ele é aplicado em qualquer plotagem subsequente, mesmo as criadas usando matplotlib diretamente. O Seaborn agrupa os parâmetros matplotlib em dois grupos: um lidando com a estética de uma plotagem e outro, com os elementos da escala.

Há cinco temas de estilo predefinidos do Seaborn disponíveis: darkgrid, whitegrid, dark, white e ticks. Você pode definir o estilo usando a função sns.set_style(). Por exemplo, pode definir o estilo dark como a seguir (veja a Figura 10.13):

```
sns.set_style('dark')
sns.relplot(data=car_crashes,
            x='total',
            y='not_distracted')
```

Os temas disponíveis para definir a escala dos elementos da imagem se baseiam na apresentação de destino. Eles são paper, notebook, talk e poster.

Você define um tema usando a função sns.set_context:

```
sns.set_context('talk')
```

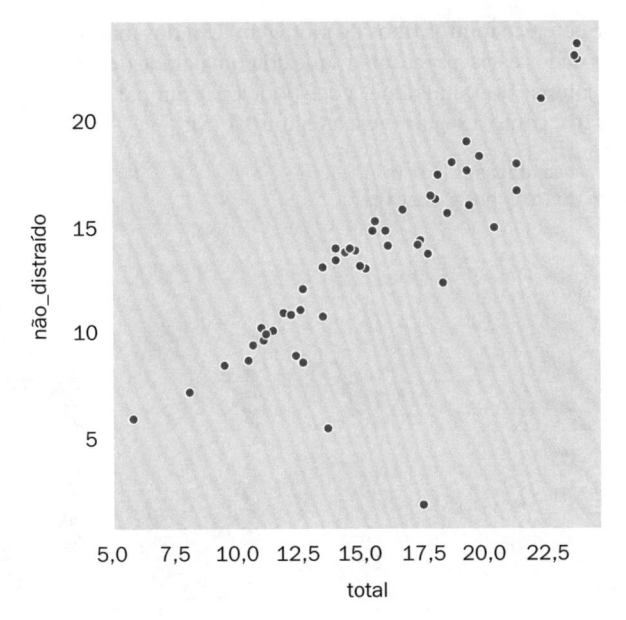

FIGURA 10.13 Usando o tema de estilo dark.

Se você plotar de novo os dados, a escala será ajustada, como na Figura 10.14:

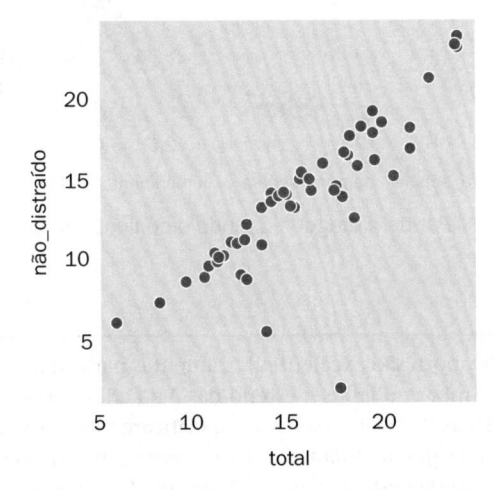

```
sns.relplot(data=car_crashes,
            x='total',
            y='not_distracted')
```

FIGURA 10.14 Dados plotados de novo usando a função sns.set_context.

O Seaborn oferece muitos tipos de plotagem. Um dos mais úteis para procurar uma correlação nos dados é sns.pairplot(), que cria uma grade de eixos plotando as relações entre todas as colunas do DataFrame. Você pode criar um par de plotagens usando o conjunto de dados iris, como a seguir (veja a Figura 10.15):

```
df = sns.load_dataset('iris')
sns.pairplot(df, hue='species')
```

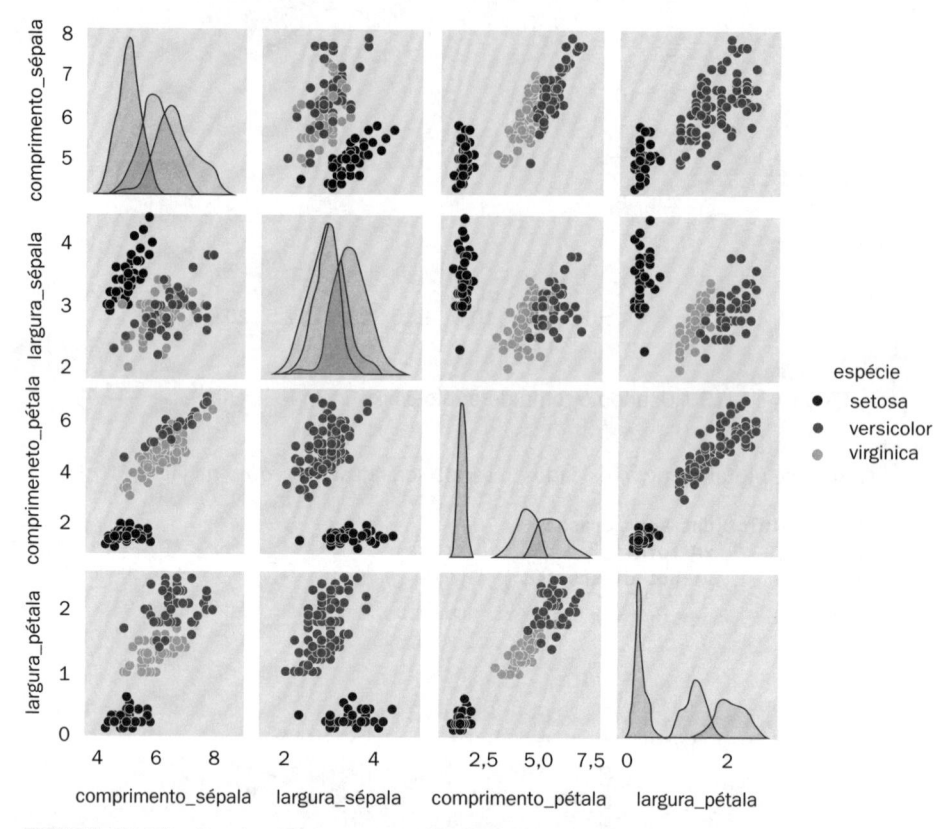

FIGURA 10.15 Par de plotagens usando o conjunto de dados iris.

Plotly

matplotlib e Seaborn são excelentes ferramentas para criar gráficos estáticos prontos para a publicação. Ambas podem ser estendidas para criar apresentações de dados interativas. Mas as bibliotecas Plotly e Bokeh são especificamente designadas para a criação de gráficos interativos de alta qualidade. Plotly oferece muitos tipos de gráfico, mas se destaca ao facilitar a criação de gráficos em 3D. A Figura 10.16 mostra uma versão estática de uma plotagem dinâmica. Se você rodar esse código em um *notebook*, conseguirá girar e aplicar zoom na plotagem:

```
import plotly.express as px
iris = px.data.iris()
```

```
fig = px.scatter_3d(iris,
                    x='sepal_length',
                    y='petal_width',
                    z='petal_length',
                    color='species')
fig.show()
```

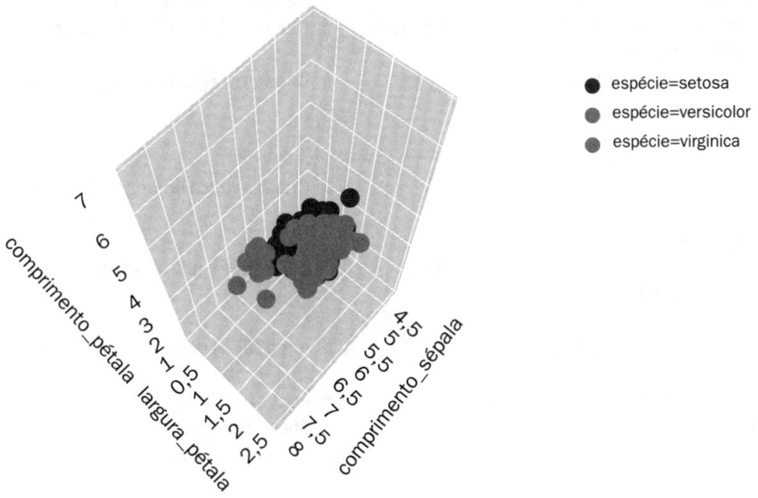

FIGURA 10.16 Versão estática de uma plotagem dinâmica.

Bokeh

Bokeh é uma alternativa a Plotly para criar gráficos interativos com facilidade. Bokeh se destaca no uso do objeto de dados especial ColumnDataSource. Esse objeto oferece um melhor desempenho e permite, entre outras coisas, que os dados sejam atualizados ou anexados sem precisar recarregar o estado. A fonte de dados também pode ser compartilhada entre as imagens para que a interação com os dados em uma imagem modifique os dados na outra. A Listagem 10.2 configura várias imagens compartilhando um objeto de dados e a Figura 10.17 mostra o resultado.

> **Nota**
> Saiba que Bokeh requer uma configuração extra no Colab. Este exemplo dá uma ideia das capacidades de Bokeh, mas não mostra como fazer a plotagem no Colab.

Listagem 10.2 Dados Compartilhados do Bokeh

```
from bokeh.io import output_notebook
from bokeh.plotting import figure, show
from bokeh.models import ColumnDataSource
from bokeh.layouts import gridplot
```

```
Y = [x for x in range(0,200, 2)]
Y1 = [x**2 for x in Y]
X = [x for x in range(100)]
data={'x':X,
      'y':Y,
      'y1':Y1}

TOOLS = "box_select"                     # Select interactive tools
source = ColumnDataSource(data=data)     # Create ColumnDataSource
left = figure(tools=TOOLS,
              title='Brushing')          # Create figure using the selected tools

left.circle('x',
            'y',
            source=source)               # Create a circle plot on first figure

right = figure(tools=TOOLS,
               title='Brushing')         # Create figure using the selected tools
right.circle('x',
             'y1',
             source=source)              # Create circle plot on second figure

p = gridplot([[left, right]])            # Put the figures on a grid
show(p)                                  # Show the grid
```

As imagens geradas permitem uma seleção de eixos cruzados, como definido pela ferramenta escolhida. Isso significa que, se você selecionar uma seção de uma plotagem, os pontos correspondentes da segunda plotagem também serão selecionados.

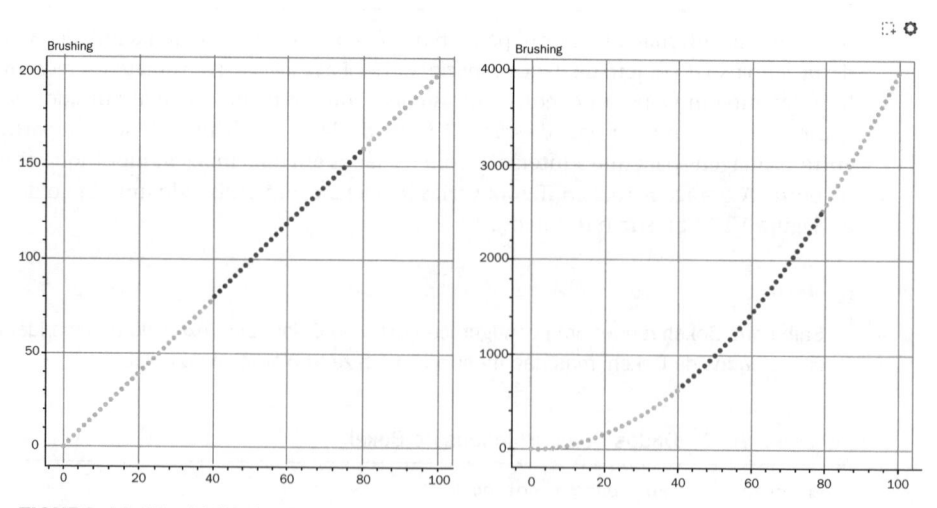

FIGURA 10.17 Múltiplas imagens compartilhando um objeto de dados.

Outras bibliotecas de visualização

Existem muitas outras bibliotecas de visualização ótimas além das descritas até agora neste capítulo. Veja algumas você pode querer explorar:

- geoplotlib: Permite a visualização de mapas e dados geográficos
- ggplot: Baseada no pacote ggplot2 da linguagem R
- pygal: Permite criar com facilidade plotagens simples
- folium: Permite criar mapas interativos
- missingno: Permite a visualização dos dados ausentes

Resumo

A visualização é uma parte extremamente útil da exploração de dados e é importante para a apresentação de dados. Existem muitas bibliotecas disponíveis para visualizar os dados, todas com diferentes particularidades e focos. matplotlib é a base para muitas outras bibliotecas. Ela oferece amplas capacidades, mas requer uma curva de aprendizagem maior. Seaborn é uma biblioteca de visualização estatística baseada na matplotlib que facilita melhorar a aparência das plotagens e criar plotagens para diferentes mídias de destino. Plotly e Bokeh são para a criação de gráficos interativos e painéis.

Perguntas

Use este exemplo para responder às seguintes perguntas:

```
import matplotlib.pyplot as plt
import seaborn as sns
import pandas as pd

data = {'X'  : [x for x in range(50)],
        'Y'  : [y for y in range(50, 0, -1)],
        'Y1' : [y**2 for y in range(25, 75)]}

df = pd.DataFrame(data)
```

1. Use matplotlib para plotar a relação entre as colunas X e Y.
2. Use matplotlib para adicionar a relação entre as colunas X e Y1 à mesma plotagem.
3. Use matplotlib para plotar as relações das Perguntas 1 e 2 em eixos separados da mesma imagem.
4. Use Seaborn para mudar o tema para darkgrid, e então repita as plotagens da Pergunta 3.

11
Biblioteca do aprendizado de máquina

Recorrer ao estatístico após o experimento estar concluído pode não passar de pedir a ele para fazer um exame de autópsia: ele consegue dizer a causa da morte do experimento.

Ronald Fischer

Neste capítulo

- Visão geral das bibliotecas de aprendizado de máquina populares
- Introdução ao Scikit-learn
- Visão geral do processo de aprendizado de máquina

O *aprendizado de máquina* consiste em deixar um computador encontrar um caminho para resolver um problema usando dados. Na programação tradicional, é o programador quem define, no código, o caminho para encontrar uma solução, não a solução em si. Este capítulo fornece uma rápida visão geral de algumas bibliotecas populares usadas no aprendizado de máquina. Essas bibliotecas implementam os algoritmos usados para criar e treinar os modelos de aprendizado de máquina. Os modelos têm vários usos, dependendo do tipo de problema. Por exemplo, alguns modelos são úteis para prever valores futuros e outros são úteis para classificar os dados em grupos ou categorias.

Bibliotecas de aprendizado de máquina populares

As quatro bibliotecas de aprendizado de máquina mais populares são TensorFlow, Keras, PyTorch e Scikit-learn:

- **TensorFlow:** O Google desenvolveu essa biblioteca poderosa para uso interno. É usada para resolver problemas usando o aprendizado profundo (*deep learning*). Isso envolve definir camadas que transformam os dados e que são ajustadas conforme a solução é adaptada aos dados.
- **Keras:** Essa biblioteca de fonte aberta foi projetada para trabalhar com o TensorFlow e agora está incluída na biblioteca TensorFlow (veja https://www.tensorflow.org/guide).

- **PyTorch:** É a contribuição do Facebook para as bibliotecas de aprendizado de máquina dignas de produção. É baseado na biblioteca Torch, que usa GPUs para resolver problemas de aprendizado profundo (veja https://pytorch.org/docs/stable/index.html).
- **Scikit-learn:** Essa biblioteca popular para iniciar o aprendizado de máquina se baseia no NumPy e no SciPy. Tem classes para a maioria dos algoritmos tradicionais. Você aprenderá mais sobre Scikit-learn na próxima seção.

Como o aprendizado de máquina funciona

Os algoritmos de aprendizado de máquina podem ser divididos em dois tipos: aprendizado não supervisionado e supervisionado. O aprendizado não supervisionado envolve descobrir insights sobre os dados sem resultados preexistentes para testar. Isso costuma significar identificar padrões com base nas características dos dados sem qualquer entrada de um cientista de dados. O aprendizado supervisionado envolve usar dados conhecidos para treinar e testar um modelo. Em geral, as etapas para treinar um modelo supervisionado são:

1. Transforme os dados.
2. Separe os dados de teste.
3. Treine o modelo.
4. Teste a precisão.

O Scikit-learn tem ferramentas para simplificar cada uma das etapas, como examinado nas próximas seções.

Transformações

Para alguns algoritmos, é vantajoso transformar os dados antes de treinar um modelo. Por exemplo, você pode querer transformar uma variável contínua, como a idade, em categorias distintas, como faixas etárias. O Scikit-learn inclui muitos transformadores, inclusive transformadores para a limpeza, a extração de recursos, a redução e a expansão. São representados como classes e normalmente usam um método .fit() para determinar a transformação e um método .transform() para modificar os dados usando a transformação. A Listagem 11.1 usa o transformador MinMaxScaler, que escala os valores para caber em um intervalo definido, entre 0 e 1 por padrão.

Listagem 11.1 Transforme Usando MinMaxScaler

```
import numpy as np
from sklearn.preprocessing import MinMaxScaler

data = np.array([[100, 34, 4],
                 90, 2, 0],
                 78, -12, 16],
                 23, 45, 4]]) # Array with data range -12 to 100

data
array([[100,  34,    4],
```

```
         [ 90,   2,   0],
         [ 78, -12,  16],
         [ 23,  45,   4]])

minMax = MinMaxScaler()              # Create a transformer object
scaler = minMax.fit(data)            # Fit the transformer to the data

scaler.transform(data)               # Scale to range between 0 and 1
array([[1.        , 0.80701754, 0.25      ],
       [0.87012987, 0.24561404, 0.        ],
       [0.71428571, 0.        , 1.        ],
       [0.        , 1.        , 0.25      ]])
```

Pode haver vezes em que você deseja separar seus dados antes de ajustar ao transformador. Ao fazer isso, as configurações do transformador não serão afetadas pelos dados de teste. Ajustar e transformar requer métodos separados; é fácil ajustar os dados de treino e usar isso para transformar os dados de teste.

Dividindo o teste e treinando os dados

Uma armadilha importante a evitar ao treinar um modelo é o sobreajuste, que ocorre quando um modelo prevê com perfeição os dados usados para treiná-los, mas tem pouco poder de previsão com os novos dados. No sentido mais simples, evite o sobreajuste não testando o modelo com dados com os quais eles foram treinados. O Scikit-learn tem métodos auxiliares para facilitar a divisão dos dados.

Antes de ver um exemplo de divisão de dados, você pode carregar um exemplo simples. Como várias outras bibliotecas de ciência de dados, o Scikit-learn vem com alguns conjuntos de dados de amostra. A Listagem 11.2 carrega o conjunto de dados iris. Observe que a função .load_iris() carrega dois arrays de dados NumPy: o primeiro são os dados de origem (as características que serão usadas para fazer previsões) e o segundo é a característica de destino a prever. No caso do conjunto de dados iris, os dados de origem têm 150 amostras de 4 características e 150 destinos que representam os tipos de iris.

Listagem 11.2 Carregando um Conjunto de Dados de Amostra

```
from sklearn import datasets # Load the sample data sets
source, target = datasets.load_iris(return_X_y=True) # Load source and targets

print(type(source))
<class 'numpy.ndarray'>
print(source.shape)
(150, 4)

print(type(target))
<class 'numpy.ndarray'>
print(target.shape)
 (150,)
```

A Listagem 11.3 usa a função train_test_split() do Scikit-learn para dividir o conjunto de dados iris fornecido com a biblioteca nos conjuntos de dados de treino e teste. Veja que as amostras são divididas para que 112 delas fiquem no conjunto de treino e 38 fiquem no conjunto de teste.

Listagem 11.3   Dividindo um Conjunto de Dados

```
from sklearn.model_selection import train_test_split

train_s, test_s, train_t, test_t = train_test_split(source, target)
train_s.shape
(112, 4)

train_t.shape
(112,)

test_s.shape
(38, 4)

test_t.shape
(38,)
```

Treinando e testando

O Scikit-learn oferece muitas classes representando vários algoritmos do aprendizado de máquina. Essas classes são referidas como estimadores. Muitos estimadores podem ser ajustados usando parâmetros durante a instanciação. Cada estimador tem um método .fit(), que treina o modelo. A maioria dos métodos .fit() requer dois argumentos. O primeiro é um tipo de dado de treino, referido como amostras. O segundo são os resultados ou os destinos dessas amostras. Ambos os argumentos devem ser objetos do tipo array, como os arrays NumPy. Quando o treino termina, o modelo pode prever os resultados usando seu método .predict(). A precisão dessa previsão pode ser verificada usando as funções do módulo do método.

A Listagem 11.4 mostra um exemplo simples usando o estimador KNeighborsClassifier. Os k-ésimos vizinhos mais próximos são um algoritmo que agrupa as amostras com base na distância entre as características. Ele faz previsões comparando uma nova amostra com as amostras existentes, que são as vizinhas mais próximas. Você pode ajustar o algoritmo escolhendo quantas vizinhas são comparadas com a nova amostra. Quando o modelo é treinado, é possível fazer previsões usando os dados de teste e verificar a precisão dessas previsões.

Listagem 11.4   Treinando um Modelo

```
from sklearn.neighbors import KNeighborsClassifier   # Import estimator class
from sklearn import metrics   # Import the metrics module to test accuracy
knn = KNeighborsClassifier(n_neighbors=3)   # Create 3-neighbor estimator
knn.fit(train_s, train_t)   # Train the model using the training data
test_prediction = knn.predict(test_s)   # Make predictions from source data

metrics.accuracy_score(test_t, test_prediction)   # Accuracy against test data
0.8947368421052632
```

Aprendendo mais sobre Scikit-learn

Este capítulo aborda apenas superficialmente as capacidades do Scikit-learn. Outros recursos importantes incluem ferramentas para uma validação cruzada, em que um conjunto de dados é dividido várias vezes para evitar o sobreajuste nos dados de testes, e canais, que integram transformadores, estimadores e validação cruzada. Se você quiser aprender mais sobre o Scikit-learn, pode encontrar ótimos tutoriais em https://scikit-learn.org/stable/.

Resumo

Muitos algoritmos usados para criar modelos de aprendizado de máquina são representados nas bibliotecas maiores de aprendizado de máquina do Python. TensorFlow é uma biblioteca de aprendizado profundo criada pelo Google. PyTorch é uma biblioteca baseada no Torch do Facebook. Scikit-learn é uma biblioteca popular para iniciar no aprendizado de máquina. Ele tem módulos e funções para realizar as etapas envolvidas na criação e na análise de um modelo.

Perguntas

1. Em qual etapa de treino de um estimador supervisionado um transformador Scikit-learn seria útil?
2. Por que é importante separar os dados de treino dos dados de teste no aprendizado de máquina?
3. Após ter transformado seus dados e treinado o modelo, o que deve ser feito?

12
Natural Language Toolkit

Uma das primeiras coisas ensinadas nos livros de introdução à estatística é que correlação não é causalidade. Também é uma das primeiras coisas esquecidas.

Thomas Sowell

Neste capítulo

- Introdução ao pacote NLTK
- Acessando e carregando textos de amostra
- Usando distribuições de frequência
- Objetos de texto
- Classificando texto

Usar um computador para extrair informação do texto é muitíssimo útil. O subconjunto de ciência de dados que endereça a extração de informação no texto se chama *processamento da linguagem natural*. NLTK (Natural Language Toolkit) é um pacote Python para múltiplas aplicações no processamento da linguagem. Este capítulo examina rapidamente esse poderoso pacote.

Textos de amostra do NLTK

O pacote NLTK oferece textos de amostra a partir de muitas fontes que você pode baixar e usar para explorar o processamento da linguagem. Project Gutenberg é um projeto que coloca cópias de livros online (veja http://www.gutenberg.org). É composto em grande parte por livros de domínio público. Um subconjunto dessa coleção está disponível para *download* e para ser usado com o NLTK. Você pode usar a função nltk.download() para baixar os dados para o diretório nltk_data/corpora em seu diretório pessoal:

```
import nltk
nltk.download('gutenberg')
[nltk_data] Downloading package gutenberg to
```

```
[nltk_data]    /Users/kbehrman/nltk_data...
[nltk_data]    Unzipping corpora/gutenberg.zip.
True
```

Você pode, então, importar os dados para sua sessão Python como um objeto leitor corpus:

> **Nota**
>
> Cada leitor *corpus* lê uma coleção específica de textos fornecidos pelo NLTK.
>
> ```
> from nltk.corpus import gutenberg
> gutenberg
> <PlaintextCorpusReader in '/Users/kbehrman/nltk_data/corpora/gutenberg'>
> ```

Existem leitores corpus para diferentes tipos de fontes de texto. Este exemplo usa PlaintextCorpusReader, que é para texto sem formatação. Você pode listar os textos individuais usando o método fileids(), que lista os nomes de arquivo que podem ser usados para carregar os textos:

```
gutenberg.fileids()
['austen-emma.txt',
 'austen-persuasion.txt',
 'austen-sense.txt',
 'bible-kjv.txt',
 'blake-poems.txt',
 'bryant-stories.txt',
 'burgess-busterbrown.txt',
 'carroll-alice.txt',
 'chesterton-ball.txt',
 'chesterton-brown.txt',
 'chesterton-thursday.txt',
 'edgeworth-parents.txt',
 'melville-moby_dick.txt',
 'milton-paradise.txt',
 'shakespeare-caesar.txt',
 'shakespeare-hamlet.txt',
 'shakespeare-macbeth.txt',
 'whitman-leaves.txt']
```

O leitor corpus tem diferentes métodos para ler o texto. É possível carregar o texto dividido em palavras, frases ou parágrafos. A Listagem 12.1 carrega o texto *Julius Caesar* de William Shakespeare nos três formatos.

Listagem 12.1 Carregando Texto

```
caesar_w = gutenberg.words('shakespeare-caesar.txt')  # List of words
caesar_w
['[', 'The', 'Tragedie', 'of', 'Julius', 'Caesar', ...]
```

```
nltk.download('punkt') # Download tokenizer used to define sentence endings
[nltk_data] Downloading package punkt to /Users/kbehrman/nltk_data...
[nltk_data]   Unzipping tokenizers/punkt.zip.
True

caesar_s = gutenberg.sents('shakespeare-caesar.txt') # List of sentences
caesar_s
[['[', 'The', 'Tragedie', 'of', 'Julius', 'Caesar', 'by', 'William',
  'Shakespeare', '1599', ']'], ['Actus', 'Primus', '.'], ...]

caesar_p = gutenberg.paras('shakespeare-caesar.txt') # List of paragraphs
caesar_p
[[['[', 'The', 'Tragedie', 'of', 'Julius', 'Caesar', 'by', 'William',
  'Shakespeare',
  '1599', ']']], [['Actus', 'Primus', '.'], ['Scoena', 'Prima', '.']], ...]
```

Observe que antes de conseguir analisar o texto em frases, é preciso baixar o tokenizer Punket. *Tokenizer* é usado para dividir, ou separar em tokens, uma parte do texto. O tokenizer Punket é usado para dividir o texto em frases e foi projetado para trabalhar em textos de vários idiomas.

A Listagem 12.2 mostra como ver o subdiretório NLTK de seu diretório pessoal usando o comando shell ls, que lista objetos e diretórios. Você pode ver que existem diretórios para corpora e tokenizers. No diretório corpora, é possível ver a coleção baixada. No diretório tokenizers, veja o tokenizer baixado. O subdiretório punkt contém arquivos para cada idioma coberto.

Listagem 12.2 Diretório de Dados

```
!ls /root/nltk_data
corpora    tokenizers

!ls /root/nltk_data/corpora
gutenberg     gutenberg.zip

!ls /root/nltk_data/tokenizers
punkt     punkt.zip

!ls /root/nltk_data/tokenizers/punkt
PY3                english.pickle      greek.pickle         russian.pickle
README             estonian.pickle     italian.pickle       slovene.pickle
czech.pickle       finnish.pickle      norwegian.pickle     spanish.pickle
danish.pickle      french.pickle       polish.pickle        swedish.pickle
dutch.pickle       german.pickle       portuguese.pickle    turkish.pickle
```

Distribuições de frequência

Você pode contar o número de ocorrências de cada palavra no texto usando a classe nltk. FreqDist. Essa classe tem métodos que permitem ver quais palavras aparecem com mais frequência e o número de palavras diferentes que um texto contém (nesse caso, o termo palavra se refere a qualquer texto sem espaço em branco).

FreqDist separa a pontuação como separa as palavras de outro texto. O exemplo a seguir usa FreqDist para encontrar as palavras mais comuns no texto:

```
caesar_dist = nltk.FreqDist(caesar_w)
caesar_dist.most_common(15)
[(',', 2204),
 ('.', 1296),
 ('I', 531),
 ('the', 502),
 (':', 499),
 ('and', 409),
 ("'", 384),
 ('to', 370),
 ('you', 342),
 ('of', 336),
 ('?', 296),
 ('not', 249),
 ('a', 240),
 ('is', 230),
 ('And', 218)]
```

Se você quiser ver as palavras mais comuns sem incluir a pontuação, pode filtrar a pontuação. O módulo string da Biblioteca Padrão do Python tem um atributo de pontuação que você pode utilizar para essa finalidade. A Listagem 12.3 faz um loop nas palavras originais do texto. Ela verifica se cada item é uma pontuação e, se não é, adiciona a uma nova lista na variável caesar_r. Essa listagem compara os comprimentos dos arquivos original e filtrado, e encontra 4.960 pontuações no texto. Então a listagem faz uma nova distribuição de frequência para mostrar as palavras sem pontuação mais comuns.

Listagem 12.3   Removendo a Pontuação

```
import string
string.punctuation                          # Look at the punctuation string
'!"#$%&\'()*+,-./:;<=>?@[\\]^_'{|}~'

caesar_r = []
for word in caesar_w:
    if word not in string.punctuation:
        caesar_r.append(word)               # Add non-punctuation words

len(caesar_w) - len(caesar_r)               # Get number punctuation words
4960

caesar_dist = nltk.FreqDist(caesar_r)
caesar_dist.most_common(15)
[('I', 531),
 ('the', 502),
 ('and', 409),
 ('to', 370),
 ('you', 342),
 ('of', 336),
 ('not', 249),
```

```
('a', 240),
('is', 230),
('And', 218),
('d', 215),
('in', 204),
('that', 200),
('Caesar', 189),
('my', 188)]
```

Veja na Listagem 12.3 que Caesar aparece no texto 189 vezes. As outras palavras comuns não fornecem tanta informação no texto. Você pode querer filtrar as palavras comuns, como "the" e "is"; para tanto, use o corpus NLTK chamado stopwords. A Listagem 12.4 mostra como baixar esse corpus e filtrar as palavras antes de fazer uma nova atribuição de frequência.

Listagem 12.4 Filtrando as Palavras Irrelevantes

```
nltk.download('stopwords')                          # Download stopwords corpus
from nltk.corpus import stopwords
[nltk_data] Downloading package stopwords to
[nltk_data]     /Users/kbehrman/nltk_data...
[nltk_data]     Unzipping corpora/stopwords.zip.

english_stopwords = stopwords.words('english')     # Load English stop words
english_stopwords[:10]
['i', 'me', 'my', 'myself', 'we', 'our', 'ours', 'ourselves', 'you', "you're"]

caesar_r = []
for word in caesar_w:
    if word not in string.punctuation:
        if word.lower() not in english_stopwords:
            caesar_r.append(word) # Not punctuation and not stop words

len(caesar_w) - len(caesar_r)
14706

caesar_dist = nltk.FreqDist(caesar_r)
caesar_dist.most_common(15)
[('Caesar', 189),
 ('Brutus', 161),
 ('Bru', 153),
 ('haue', 128),
 ('shall', 107),
 ('Cassi', 107),
 ('thou', 100),
 ('Cassius', 85),
 ('Antony', 75),
 ('know', 66),
 ('Enter', 63),
 ('men', 62),
```

```
('vs', 62),
('man', 58),
('thee', 55)]
```

A lista das palavras mais comuns agora fornece mais informação no texto: é possível ver quais caracteres são mais mencionados. Sem nenhuma surpresa, Caesar e Brutus estão no topo da lista.

A Listagem 12.5 examina alguns métodos da classe FreqDist.

Listagem 12.5   Classe FreqDist

```
caesar_dist.max()                 # Get the word with the most appearances
'Caesar'

caesar_dist['Cassi']              # Get the count for a particular word
107

caesar_dist.freq('Cassi')  # Count of the word divided by total  count
0.009616248764267098

caesar_dist.N()                   # Get number of words
11127

caesar_dist.tabulate(10)   # Display the counts for the top 10 words
Caesar   Brutus      Bru     haue    shall    Cassi    thou Cassius   Antony    know
   189      161      153      128      107      107     100      85       75      66
```

FreqDist também tem um método de plotagem predefinido. O exemplo a seguir plota as 10 palavras que aparecem com mais frequência (veja a Figura 12.1):

`caesar_dist.plot(10)`

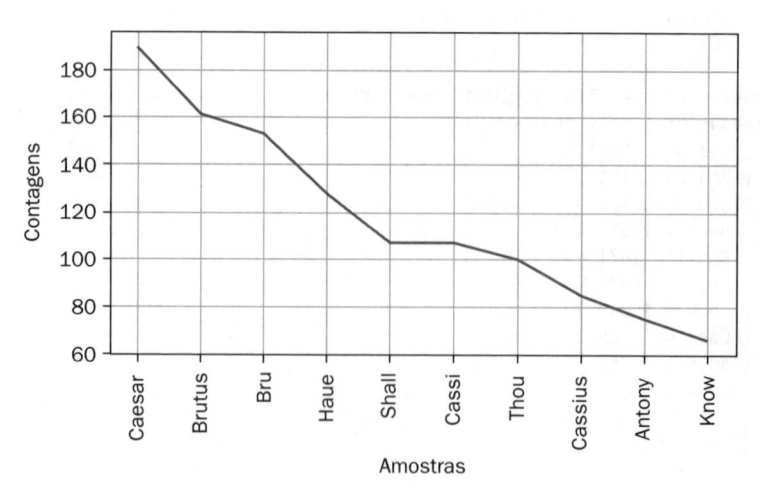

FIGURA 12.1   As dez palavras com maior frequência.

Objetos de texto

A biblioteca NLTK tem uma classe Text que fornece uma funcionalidade útil quando você começa a explorar um novo texto. A classe Text obtém uma lista de palavras como argumento durante a inicialização:

```
from nltk.text import Text
caesar_t = Text(caesar_w)
type(caesar_t)
nltk.text.Text
```

O método Text.concordance() mostra o contexto em torno de certa palavra. Nesse caso, mostra cinco exemplos de Antony no contexto:

```
caesar_t.concordance('Antony', lines=5)
Displaying 5 of 75 matches:
efulnesse . Exeunt . Enter Caesar , Antony for the Course , Calphurnia , Porti
 Of that quicke Spirit that is in Antony : Let me not hinder Cassius your de
He loues no Playes , As thou dost Antony : he heares no Musicke ; Seldome he
r ' d him the Crowne ? Cask . Why Antony Bru . Tell vs the manner of it , ge
I did not marke it . I sawe Marke Antony offer him a Crowne , yet ' twas not
```

O método Text.collocations() exibe palavras que aparecem juntas com mais frequência:

```
caesar_t.collocations(num=4)
Mark Antony; Marke Antony; Good morrow; Caius Ligarius
```

O método Text.similar() encontra palavras que aparecem em contextos parecidos em certa palavra:

```
caesar_t.similar('Caesar')
me it brutus you he rome that cassius this if men worke him vs feare world thee
```

O método Text.findall() imprime o texto que corresponde a uma expressão regular no texto de pesquisa. Você pode definir o padrão de correspondência da expressão regular usando < e > para definir os limites da palavra e .* como um curinga que corresponde a tudo. O seguinte padrão combina todas as ocorrências de O seguidas de qualquer palavra que começa com C:

```
caesar_t.findall(r'<O><C.*>')
O Cicero; O Cassius; O Conspiracie; O Caesar; O Caesar; O Caesar; O
Constancie; O Caesar; O Caesar; O Caesar; O Cassius; O Cassius; O
Cassius; O Coward; O Cassius; O Clitus
```

O método Text.dispersion_plot() permite comparar onde ocorrem certas palavras no texto (veja a Figura 12.2):

```
caesar_t.dispersion_plot(['Caesar', 'Antony', 'Brutus', 'Cassi'])
```

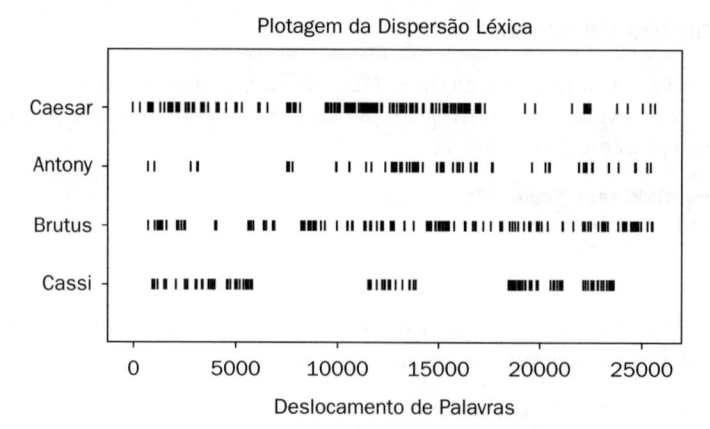

FIGURA 12.2 Resultados do método Text.dispersion_plot().

Classificando texto

O NLTK tem classes classificadoras que implementam diferentes algoritmos para lidar com o rótulo dos dados de texto. Em geral, para criar um modelo para classificar texto, você precisa preparar um conjunto de recursos acompanhados de uma categoria ou um rótulo. Esta seção examina um exemplo simples usando o corpus Brown disponível no NLTK (veja http://korpus.uib.no/icame/brown/bcm.html). Esse corpus tem textos categorizados previamente.

Digamos que você acredita que pode rotular um parágrafo a partir de um desses textos como editorial ou ficção, com base na aparência de certas palavras, apontadas pela variável tell_words:

```
tell_words = ['american', 'city', 'congress', 'country', 'county',
              'editor', 'fact', 'government', 'national', 'nuclear',
              'party', 'peace', 'political', 'power', 'president',
              'public', 'state', 'states', 'united', 'war',
              'washington', 'world', 'big', 'church', 'every', 'eyes',
              'face', 'felt', 'found', 'god', 'hand', 'head', 'home',
              'house', 'knew', 'moment', 'night', 'room', 'seemed',
              'stood', 'think', 'though', 'thought', 'told', 'voice']
```

A Listagem 12.6 mostra como baixar o corpus que você usará e obter os parâmetros para as categorias editorial e ficção.

Listagem 12.6 Baixando o Corpus

```
nltk.download('brown')                            # Download the Brown corpus
[nltk_data] Downloading package brown to /Users/kbehrman/nltk_data...
[nltk_data]   Unzipping corpora/brown.zip.

from nltk.corpus import brown
nltk.download('stopwords')
from nltk.corpus import stopwords
english_stopwords = stopwords.words('english')
```

```
ed_p = brown.paras(categories='editorial')  # Load only editorial paragraphs

fic_p = brown.paras(categories='fiction')   # Load only fiction paragraphs

print(len(ed_p))
1003

print(len(fic_p))
1043
```

O formato dos parágrafos fornecidos são listas de listas, com as sublistas representando as frases. Para este exercício, digamos que você deseja um conjunto de palavras para cada parágrafo. A Listagem 12.7 define um método de nivelamento, então nivela os parágrafos em cada conjunto de dados.

Listagem 12.7 Nivelando as Listas Aninhadas

```
def flatten(paragraph):
    output = set([])                      # Use a set as you only care about a single occurrence of a word
    for item in paragraph:
        if isinstance(item, (list, tuple)):   # Add item is a list or tuple
            output.update(item)
        else:
            output.add(item)              # Add item
    return output

ed_flat = []
for paragraph in ed_p:
    ed_flat.append(flatten(paragraph))    # Flatten the editorial paragraphs
fic_flat = []
for paragraph in fic_p:
    fic_flat.append(flatten(paragraph))   # Flatten the fiction paragraphs
```

Em seguida, é preciso combinar cada parágrafo com o rótulo segundo sua categoria de origem. A Listagem 12.8 faz isso para os textos editorial e de ficção, então muda a ordem, usando o método shuffle do módulo random, para assegurar que a ordem não influenciará o classificador.

Listagem 12.8 Rotulando Dados

```
labeled_data = []
for paragraph in ed_flat:
    labeled_data.append((paragraph, 'editorial'))

for paragraph in fic_flat:
    labeled_data.append((paragraph, 'fiction'))

from random import shuffle
shuffle(labeled_data)
```

O classificador não usa os parágrafos originais, mas espera um conjunto de recursos. Esse conjunto estará na forma de dicionário que mapeia recursos e valores. A Listagem 12.9 define uma função para criar um dicionário de recursos cujos valores são definidos para True se uma palavra de instrução (tell) for encontrada no parágrafo e False se não. Então usa isso para listar os recursos combinados e os rótulos. Ele divide essa informação em dados de treino e teste para que você possa treinar seu classificador.

Listagem 12.9 Definindo Recursos

```
def define_features(paragraph):
    features = {}
    for tell_word in tell_words:
        features[tell_word] = tell_word in paragraph
    return features

feature_data = []
for labeled_paragraph in labeled_data:
    paragraph, label = labeled_paragraph
    feature_data.append((define_features(paragraph), label,))

train_data = feature_data[:1400]
test_data = feature_data[1400:]
```

A Listagem 12.10 mostra como treinar o modelo com a classe nltk.NaiveBayesClassifier e usar o modelo treinado para classificar um conjunto de recursos individual, verificar qual das palavras de instrução teve mais influência no treino e então verificar a precisão usando os dados de teste.

Listagem 12.10 Treinando e Testando o Modelo

```
bayes = nltk.NaiveBayesClassifier.train(train_data) # Train a model
bayes.classify(train_data[0][0]) # Classify one of the training set paragraphs
'fictio'

bayes.show_most_informative_features()
Most Informative Features
                 knew = True            fictio : editor =     22.3 : 1.0
               editor = True            editor : fictio =     16.6 : 1.0
                stood = True            fictio : editor =     16.0 : 1.0
            political = True            editor : fictio =     14.5 : 1.0
              nuclear = True            editor : fictio =     12.4 : 1.0
           government = True            editor : fictio =     10.8 : 1.0
              thought = True            fictio : editor =     10.2 : 1.0
               seemed = True            fictio : editor =      7.0 : 1.0
             national = True            editor : fictio =      6.6 : 1.0
               public = True            editor : fictio =      6.5 : 1.0

nltk.classify.accuracy(bayes, test_data) # Check the accuracy
0.6842105263157895
```

É possível ver que o modelo é quase 66% preciso ao prever os rótulos dos dados de teste; é melhor do que jogar uma moeda.

Este exemplo deve lhe dar uma boa ideia de uso de um classificador NLTK. Há muito mais no NLTK do que você aprendeu neste capítulo. Se quiser saber mais sobre o processamento de linguagem natural usando o NLTK, consulte o livro *Natural Language Processing with Python*, dos criadores da biblioteca (veja http://www.nltk.org/book).

Resumo

A biblioteca NLTK contém ferramentas para processar texto e vem com textos de amostra que você pode baixar e trabalhar. A classe `FreqDist` permite obter informações da frequência com a qual aparecem diferentes palavras. A classe `Text` fornece um modo prático de explorar um novo texto. O NLTK vem com classes classificadoras predefinidas que podem ser usadas para categorizar o texto com base nos dados de treino.

Exercícios

1. Carregue o texto *Emma* de Jane Austen como palavras, frases e parágrafos.
2. Conte a ocorrência da palavra Alice em *Alice no País das Maravilhas* de Lewis Carroll.
3. Use `tabulate` para exibir as 10 primeiras palavras em *Alice no País das Maravilhas*, excluindo a pontuação e as palavras irrelevantes.
4. Encontre as palavras parecidas com coelho em *Alice no País das Maravilhas*.
5. Use o corpus `names` para encontrar os 10 nomes com maior frequência em *Hamlet*.

PARTE III
Python intermediário

13
Programação funcional

Controlar a complexidade é a essência da programação de computadores.
Brian Kernighan

Neste capítulo
- Introdução à programação funcional
- Estado e escopo
- Funções funcionais
- Compreensões de lista
- Geradores

Como visto até agora neste livro, um programa Python, em sua forma mais básica, é composto por uma série de declarações, que podem ser simples ou compostas. O modo como você organiza essas declarações tem desdobramentos no desempenho, na legibilidade e na facilidade de modificação. Algumas abordagens amplamente adotadas são a programação procedural, a programação funcional e a programação orientada a objetos. Este capítulo apresenta alguns conceitos da programação funcional, inclusive compreensões e geradores, ambos emprestados das linguagens puramente funcionais.

Introdução à programação funcional

A programação funcional se baseia na definição matemática das funções. Uma função, nesse sentido, mapeia uma entrada e uma saída. Para qualquer entrada, pode haver apenas uma saída, ou seja, a saída para uma entrada distinta sempre será igual. Algumas linguagens de programação, com Haskell e Erlang, seguem essa limitação estritamente. Python é flexível o bastante para conseguir adotar alguns conceitos funcionais sem esse rigor. A programação funcional em Python por vezes é referida como *programação funcional leve*.

Escopo e estado

O estado de um programa inclui nomes, definições e valores que existem em certo momento no programa, inclusive definições da função, módulos importados e valores atribuídos às variáveis. O estado tem o que é conhecido como escopo, isto é, a área do programa onde o estado existe. Os escopos são hierárquicos. Quando você recua um bloco de código, esse código tem um escopo aninhado. Ele herda o escopo do código não recuado em torno dele, mas não muda diretamente o escopo externo.

A Listagem 13.1 define valores para as variáveis a e b no escopo externo. Então o bloco de código da função define a para um valor diferente e imprime ambas as variáveis. É possível ver que, quando a função é chamada, ela usa sua própria definição da variável a, mas herda essa definição para b do escopo externo. No escopo externo, o valor atribuído pela função a a é ignorado, pois está fora do escopo.

Listagem 13.1   Herdando o Escopo

```
a = 'a outer'
b = 'b outer'

def scoped_function():
    a = 'a inner'
    print(a)
    print(b)

scoped_function()
a inner
b outer

print(a)
a outer

print(b)
b outer
```

Dependendo do estado global

O código neste livro até o momento foi apresentado em grande parte usando a abordagem procedural. Nessa abordagem, o estado atual é definido pelas declarações executadas nas linhas antes da atual. Esse estado é compartilhado no programa e modificado em toda parte. Isso significa que uma função que usa o estado para determinar sua saída pode ter uma saída diferente com a mesma entrada. Veja alguns exemplos comparando a abordagem procedural com uma funcional.

A Listagem 13.2 cria uma função, describe_the_wind(), que retorna uma sentença usando uma variável, wind, definida no escopo externo. Veja que a saída da função será diferente dependendo dessa variável.

Listagem 13.2 Dependendo do Escopo Externo

```
wind = 'Southeast'

def describe_the_wind():
    return f'The wind blows from the {wind}'

describe_the_wind()
'The wind blows from the Southeast'

wind = 'North'
describe_the_wind()
'The wind blows from the North'
```

Uma abordagem mais funcional é passar a variável como um argumento. Assim, a função retornará o mesmo valor para um valor passado, sem depender do estado externo:

```
def describe_the_wind(wind):
    return f'The wind blows from the {wind}'

describe_the_wind('Northeast')
'The wind blows from the Northeast'
```

Mudando o estado

Além de não contar com o estado externo, uma função funcional não deve mudar diretamente o estado externo. A Listagem 13.3 mostra um programa que muda uma variável de estado externo, WIND, na função change_wind(). Observe o uso da palavra-chave global, que indica mudar uma variável do estado externo, em vez de definir uma nova variável no estado interno.

Listagem 13.3 Modificando o Escopo Externo

```
WINDS = ['Northeast', 'Northwest', 'Southeast', 'Southwest']
WIND = WINDS[0]

def change_wind():
    global WIND
    WIND = WINDS[(WINDS.index(WIND) + 1)%3]

WIND
'Northeast'

change_wind()
WIND
'Northwest'
```

```
for _ in WINDS:
    print(WIND)
    change_wind()
Northwest
Southeast
Northeast
Northwest
```

Uma abordagem mais funcional para obter a mesma saída é mover a variável winds para o estado interno e fazer a função change_wind() obter um argumento para determinar a saída, como mostrado na Listagem 13.4.

Listagem 13.4 Sem Modificar o Escopo Externo

```
def change_wind(wind_index):
    winds = ['Northeast', 'Northwest', 'Southeast', 'Southwest']
    return winds[wind_index]

print( change_wind(0) )
Northeast

print( change_wind(1) )
Northwest

print( change_wind(2) )
Southeast

print( change_wind(3) )
Southwest
```

Alterando os dados mutáveis

Um modo sutil de mudar o estado externo é passando objetos mutáveis. Lembre-se de que os objetos mutáveis são objetos, como listas e dicionários, cujo conteúdo pode ser alterado. Se você define uma variável em um estado externo, passa-a como um argumento para uma função e então muda seu valor no estado interno da função, a versão de estado externo da variável mantém seu valor original. Veja um exemplo:

```
b = 1

def foo(a):
    a = 2

foo(b)
print(b)
1
```

Contudo, se passa um objeto mutável, por exemplo, um dicionário, como um argumento para uma função, qualquer alteração feita nesse objeto na função será refletida no estado externo também. O exemplo a seguir define uma função que tem um dicionário como argumento e muda um de seus valores:

```
d = {"vehicle": "ship", "owner": "Joseph Bruce Ismay"}

def change_mutable_data(data):
    '''A function which changes mutable data.'''
    data['owner'] = 'White Star Line'


change_mutable_data(d)
print(d)
{'vehicle': 'ship', 'owner': 'White Star Line'}
```

É possível ver que o dicionário, d, quando passado para essa função, teve seu valor alterado no estado externo.

Mudar o escopo externo dos objetos mutáveis assim pode levar a erros sutis. Um modo de evitar isso, se sua estrutura de dados não é muito grande, é fazer uma cópia no escopo interno e manipular a cópia:

```
d = {"vehicle": "ship", "owner": "Joseph Bruce Ismay"}

def change_owner(data):
    new_data = data.copy()
    new_data['owner'] = 'White Star Line'
    return new_data


changed = change_owner(d)
changed
{'owner': 'White Star Line', 'vehicle': 'ship'}
```

Trabalhando na cópia, fica muito mais fácil ver onde os valores são alterados.

Funções de programação funcionais

Três funções Python predefinidas que vêm do mundo da programação funcional são `map()`, `filter()` e `reduce()`.

A função `map()` se aplica a uma sequência de valores e retorna um objeto map. A sequência de entrada pode ser qualquer tipo iterável, ou seja, qualquer objeto que pode ser iterado, como uma sequência Python. O objeto map retornado também é um iterável; portanto, você pode fazer um loop nele ou convertê-lo em uma lista para exibir os resultados:

```
def grow_flowers(d):
    return d * "❀"

gardens = map(grow_flowers, [0,1,2,3,4,5])
```

```
type(gardens)
map

list(gardens)
['', '₩', '₩₩', '₩₩₩', '₩₩₩₩', '₩₩₩₩₩']
```

Você pode fornecer map() com uma função que tem vários argumentos e fornecer várias sequências dos valores de entrada:

```
l1 = [0,1,2,3,4]
l2 = [11,10,9,8,7,6]

def multi(d1, d2):
    return d1 * d2

result = map(multi, l1, l2)
print( list(result) )
 [0, 10, 18, 24, 28]
```

Observe no exemplo que uma das sequências de entrada é maior que a outra. A função map() para quando chega no final da sequência de entrada mais curta.

A função reduce() também tem uma função e um iterável como argumentos. Então usa a função para retornar um valor, com base na entrada. Por exemplo, se você deseja subtrair uma quantia de um saldo da conta, pode fazer isso com um loop for, assim:

```
initial_balance = 10000
debits = [20, 40, 300, 3000, 1, 234]

balance = initial_balance

for debit in debits:
    balance -= debit

balance
6405
```

Seria possível obter o mesmo resultado usando a função reduce(), assim:

```
from functools import reduce

inital_balance = 10000
debits = [20, 40, 300, 3000, 1, 234]

def minus(a, b):
    return a - b

balance = reduce(minus, debits, initial_balance)
balance
6405
```

O módulo operator fornece todos os operadores padrão como funções, inclusive funções para as operações matemáticas padrão. Você pode usar a função operator.sub() como um argumento para reduce() como um substituto para a função minus():

```
from functools import reduce
import operator

initial_balance = 10000
debits = [20, 40, 300, 3000, 1, 234]

reduce(operator.sub, debits, initial_balance)
6405
```

A função filter() tem uma função e um iterável como argumentos. A função deve retornar True ou False, com base em cada item. O resultado é um objeto iterável com apenas valores de entrada que faz a função retornar True. Por exemplo, para obter apenas as letras maiúsculas de uma *string*, você pode definir uma função que testa se um caractere é maiúsculo, passando ele e a *string* para filter():

```
charles = 'ChArlesTheBald'

def is_cap(a):
    return a.isupper()

retval = filter(is_cap, charles)
list(retval)
['C', 'A', 'T', 'B']
```

Uma das poucas vezes em que eu realmente recomendo usar funções lambda é quando você usa as funções map(), filter() e reduce(). Ao fazer uma comparação simples, como para todos os números menores que 10 e maiores que 3, use uma função lambda e range() de um modo claro e fácil de ler:

```
nums = filter(lambda x: x > 3, range(10))
list(nums)
 [4, 5, 6, 7, 8, 9]
```

Compreensões de lista

As compreensões de lista são uma sintaxe emprestada da linguagem de programação funcional Haskell (veja https://docs.python.org/3/howto/functional.html). Haskell é uma linguagem de programação totalmente funcional implementada com uma sintaxe que se presta a uma abordagem puramente funcional. Você pode considerar uma compreensão de lista como um loop for com uma linha que retorna uma lista. Embora a origem das compreensões de lista esteja na programação funcional, seu uso se tornou padrão em todas as abordagens Python.

Sintaxe básica da compreensão de lista

A sintaxe básica para uma compreensão de lista fica assim:

```
[ <item retornado> for <item origem> in <iterável> ]
```

Por exemplo, dada uma lista de nomes para a qual você deseja mudar os nomes para um título com letras maiúsculas (para que a primeira letra seja maiúscula), use x.title() como o item retornado e cada nome como um item da origem:

```
names = ['tim', 'tiger', 'tabassum', 'theodora', 'tanya']
capd = [x.title() for x in names]
capd
['Tim', 'Tiger', 'Tabassum', 'Theodora', 'Tanya']
```

Este seria o processo equivalente usando um loop for:

```
names = ['tim', 'tiger', 'tabassum', 'theodora', 'tanya']
capd = []

for name in names:
    capd.append(name.title())

capd
['Tim', 'Tiger', 'Tabassum', 'Theodora', 'Tanya']
```

Substituindo map e filter

Você pode usar as compreensões de lista como substitutos para as funções map() e filter(). Por exemplo, o código a seguir mapeia os números de 0 a 5, com uma função que os insere em uma *string*:

```
def count_flower_petals(d):
    return f"{d} petals counted so far"

counts = map(count_flower_petals, range(6))

list(counts)
['0 petals counted so far',
 '1 petals counted so far',
 '2 petals counted so far',
 '3 petals counted so far',
 '4 petals counted so far',
 '5 petals counted so far']
```

Você pode substituir esse código pela compreensão de lista muito mais simples a seguir:

```
[f"{x} petals counted so far" for x in range(6)]
['0 petals counted so far',
 '1 petals counted so far',
 '2 petals counted so far',
 '3 petals counted so far',
 '4 petals counted so far',
 '5 petals counted so far']
```

Também pode adicionar uma condicional a uma compreensão de lista, usando a seguinte sintaxe:

```
[ <item retornado> for <item origem> in <iterável> if <condição> ]
```

Usando uma condicional, você pode duplicar com facilidade a funcionalidade da função filter(). Por exemplo, o seguinte exemplo filter() retorna apenas as letras maiúsculas:

```
characters = ['C', 'b', 'c', 'A', 'b', 'P', 'g', 'S']
def cap(a):
    return a.isupper()

retval = filter(cap, characters)

list(retval)
['C', 'A', 'P', 'S']
```

É possível substituir essa função pela seguinte compreensão de lista que usa uma condicional:

```
characters = ['C', 'b', 'c', 'A', 'b','P', 'g', 'S']
[x for x in characters if x.isupper()]
['C', 'A', 'P', 'S']
```

Múltiplas variáveis

Se os itens em um iterável de origem são sequências, você pode extraí-los usando múltiplas variáveis:

```
points = [(12, 3), (-1, 33), (12, 0)]

[ f'x: {x} y: {y}' for x, y in points ]
['x: 12 y: 3', 'x: -1 y: 33', 'x: 12 y: 0']
```

Pode realizar o equivalente dos loops for aninhados usando múltiplas declarações for nas mesmas compreensões de lista:

```
list_of_lists = [[1,2,3], [4,5,6], [7,8,9]]

[x for y in list_of_lists for x in y]
[1, 2, 3, 4, 5, 6, 7, 8, 9]
```

Compreensões de dicionário

As compreensões de dicionário usam uma sintaxe parecida com a das compreensões de lista. Mas ao anexar um valor à list, um par de chave/valor é adicionado a um dicionário. Este exemplo usa os valores nas duas lists para construir um dicionário:

```
names = ['James', 'Jokubus', 'Shaemus']
scores = [12, 33, 23]

{ name:score for name in names for score in scores}
{'James': 23, 'Jokubus': 23, 'Shaemus': 23}
```

Geradores

Uma das grandes vantagens de usar um objeto range em vez de usar list ao lidar com grandes intervalos numéricos é que o objeto range calcula os resultados conforme você os solicita. Isso significa que seu consumo de memória é menor de forma consistente. Os geradores permitem usar seus próprios cálculos para criar valores sob demanda, trabalhando de modo parecido com os objetos range.

Expressões do gerador

Um modo de criar geradores é por meio de expressões do gerador, que usam a mesma sintaxe das compreensões de lista, exceto pelos colchetes delimitadores, que são substituídos por parênteses. O exemplo mostra como criar list e um gerador com base no mesmo cálculo, e como imprimi-los:

```
l_ten = [x**3 for x in range(10)]
g_ten = (x**3 for x in range(10))

print(f"l_ten is a {type(l_ten)}")
l_ten is a <class 'list'>


print(f"l_ten prints as: {l_ten}")
l_ten prints as: [0, 1, 8, 27, 64, 125, 216, 343, 512, 729]

print(f"g_ten is a {type(g_ten)}")
g_ten is a <class 'generator'>

print(f"g_ten prints as: {g_ten}")
g_ten prints as: <generator object <genexpr> at 0x7f3704d52f68>
```

Quando você imprime list, pode ver seu conteúdo; isso não acontece com o gerador. Para obter um valor do gerador, você precisa solicitar o próximo valor, o que pode ser feito usando a função next():

```
next(g_ten)
0
```

Outra forma mais comum é iterar um gerador em um loop for:

```
for x in g_ten:
    print(x)
1
8
27
64
125
216
343
512
729
```

Como os geradores geram apenas valores sob demanda, não existe um meio de indexá-los ou fatiá-los:

```
g_ten[3]
---------------------------------------------------------------
TypeError                          Traceback (most recent call last)
<ipython-input-6-e7b8f961aa33> in <module>()
      1
----> 2 g_ten[3]

TypeError: 'generator' object is not subscriptable
```

Uma das vantagens importantes dos geradores em relação a lists é seu consumo de memória. Os exemplos a seguir usam a função sys.getsizeof() para comparar os tamanhos de uma lista e um gerador:

```
import sys
x = 100000000
l_big = [x for x in range(x)]
g_big = (x for x in range(x))

print( f"l_big is {sys.getsizeof(l_big)} bytes")
l_big is 859724472 bytes

print( f"g_big is {sys.getsizeof(g_big)} bytes")
g_big is 88 bytes
```

Funções do gerador

Você pode usar funções do gerador para criar geradores complexos. As funções do gerador lembram funções normais, mas com a declaração return substituída pela declaração yield. O gerador mantém seu próprio estado interno, retornando valores quando solicitado:

```
def square_them(numbers):
    for number in numbers:
        yield number * number


s = square_them(range(10000))

print(next(s))
0

print(next(s))
1

print(next(s))
4

print(next(s))
9
```

Outra vantagem dos geradores em relação a lists é a capacidade de criar um gerador infinito, ou seja, um gerador sem fim. Tal gerador infinito retorna todos os valores solicitados. Por exemplo, é possível criar um gerador que aumenta um número quantas vezes você deseja:

```
def counter(d):
    while True:
        d += 1
        yield d

c = counter(10)

print(next(c))
11

print(next(c))
12

print(next(c))
13
```

A Listagem 13.5 encadeia quatro geradores. É um modo útil de manter cada gerador compreensível, ainda aproveitando os cálculos no momento certo (JIT) dos geradores.

Listagem 13.5 Encadeamento do Gerador

```
evens = (x*2 for x in range(5000000))
three_factors = (x//3 for x in evens if x%3 == 0)
titles = (f"this number is {x}" for x in three_factors)
capped = (x.title() for x in titles)

print(f"The first call to capped: {next(capped)}")
The first call to capped: This Number Is 0

print(f"The second call to capped: {next(capped)}") The second call to capped:
This
Number Is 2

print(f"The third call to capped: {next(capped)}")
The third call to capped: This Number Is 4
```

Usar geradores é uma ótima maneira de tornar seu código eficiente. Você deve considerar usá-los sempre que iterar uma longa sequência de valores calculados.

Resumo

A programação funcional é uma abordagem para organizar os programas que é útil para planejar um *software* que pode ser executado simultaneamente. É baseada na ideia de que o estado interno de uma função deve ser alterado ou deve mudar o estado externo do código que a chama. Uma função sempre deve retornar o mesmo valor de certa entrada. Três funções predefinidas de Python que vêm da programação funcional são map(), filter() e reduce(). Usar compreensões de lista e geradores é como Python cria sequências de valores. Usar geradores é recomendado quando você itera qualquer número grande de valores ou não sabe de quantos valores precisa.

Perguntas

1. O que o código a seguir imprimiria?

    ```
    a = 1
    b = 2

    def do_something(c):
        c = 3
        a = 4
        print(a)
        return c

    b = do_something(b)
    print(a + b)
    ```

2. Use a função map() para obter a *string* 'omni' e retornar a lista ['oo','mm', 'nn', 'ii'].
3. Use a função sum(), que soma o conteúdo de uma sequência, com uma compreensão de lista para descobrir a soma dos números pares positivos abaixo de 100.
4. Escreva uma expressão do gerador que retorna os números ao cubo até 1.000.
5. Uma sequência de Fibonacci inicia com 0 e 1, e todo número subsequente é a soma dos dois números anteriores. Escreva uma função geradora que calcula uma sequência de Fibonacci.

14
Programação orientada a objetos

Um leigo consegue escrever o código que um computador entende.
Os bons programadores escrevem o código que os humanos entendem.

Martin Fowler

Neste capítulo

- Vinculando estado e função
- Classes e objetos
- Funções especiais
- Herança de classes

A abordagem orientada a objetos para a programação é uma das mais populares. Ela tenta modelar os objetos e suas relações combinando funcionalidade e dados. Se você considerar a modelagem de um carro no código, a abordagem orientada a objetos é ter métodos que tomam decisões, como acelerar ou frear, assim como dados para a quantidade de combustível no tanque anexados ao mesmo objeto. Outras abordagens manteriam os dados (nível de combustível, nesse caso) separados das definições da função, talvez passando os dados como argumentos para as funções. A grande vantagem da abordagem orientada a objetos é a capacidade de tornar as representações de sistemas complexos compreensíveis para as pessoas.

Agrupando estado e função

Diferente da abordagem funcional, a programação orientada a objetos reúne dados e funcionalidade em pacotes conhecidos como objetos. É possível argumentar que tudo em Python é um objeto; até os tipos básicos têm métodos, além de dados. Por exemplo, um objeto int não tem apenas um valor, também tem métodos. Um desses métodos é to_bytes(), que converte os valores em suas representações de bytes:

```
my_num = 13
my_num.to_bytes(8, 'little')
b'\r\x00\x00\x00\x00\x00\x00\x00'
```

Os tipos de dados mais complexos, como listas, *strings*, dicionários e Pandas DataFrames, combinam dados e funcionalidade. Em Python, uma função anexada a um objeto é referida como método. O poder das capacidades orientadas a objetos de Python é que você pode usar objetos a partir das bibliotecas fornecidas e também pode planejar seus próprios objetos.

Classes e instâncias

Os objetos são definidos por classes. Considere uma classe como um modelo para um objeto. Quando você instancia uma classe, obtém um objeto desse tipo de classe. A sintaxe para criar uma definição de classe básica fica assim:

```
class <nome classe>():
    <declaração>
```

Você pode usar uma declaração pass para definir uma classe simples que não faz nada:

```
class DoNothing():
    pass
```

A sintaxe para instanciar uma classe é:

```
<nome classe>()
```

Portanto, para criar uma instância denominada do_nothing a partir da classe DoNothing, você instanciaria o objeto assim:

```
do_nothing = DoNothing()
```

Se verificar o tipo desse objeto:

```
type(do_nothing)
__main__.DoNothing
```

verá que é um novo tipo, definido pela classe DoNothing. Você pode confirmar isso usando a função isinstance() predefinida, que testa se um objeto é uma instância de certa classe:

```
isinstance(do_nothing, DoNothing)
True
```

O modo mais comum de definir um método anexado a uma classe é recuar a definição da função para o escopo interno da classe, usando esta sintaxe:

```
class <NOME CLASSE>():
    def <NOME FUNÇÃO>():
        <DECLARAÇÃO>
```

O primeiro argumento para a função é a instância a partir da qual ela é chamada. Por convenção, o nome é self. O exemplo a seguir define uma classe, DoSomething, com o método return_self(), que retorna self, então cria uma instância e demonstra que o valor de retorno de return_self() é, de fato, a própria instância:

```
class DoSomething():
    def return_self(self):
        return self
```

```
do_something = DoSomething()

do_something == do_something.return_self()
True
```

> **Nota**
> Embora você precise ter self como um parâmetro na definição do método, ao chamar o método, não especifique self, pois isso é passado automaticamente de modo interno.

Fora do parâmetro self, você pode definir métodos como faria com outras funções. Também é possível usar o objeto self para criar e acessar variáveis do objeto dentro da definição da classe usando esta sintaxe:

`self.<NOME VARIÁVEL>`

De modo semelhante, métodos e atributos serão anexados ao objeto instanciado a partir da classe:

```
class AddAttribute():
    def add_score(self):
        self.score = 14

add_attribute = AddAttribute()
add_attribute.add_score()

add_attribute.score
14
```

Para chamar um método a partir de outro na mesma classe, use a sintaxe a seguir:

`self.<NOME MÉTODO>`

A Listagem 14.1 mostra como chamar um método a partir de outro na mesma classe.

Listagem 14.1 Chamando Métodos Internamente

```
class InternalMethodCaller():
    def method_one(self):
        print('Calling method one')

    def method_two(self, n):
        print(f'Method two calling method one {n} times')
        for _ in range(n):
            self.method_one()

internal_method_caller = InternalMethodCaller()
internal_method_caller.method_one()
Calling method one

internal_method_caller.method_two(2)
Method two calling method one 2 times
Calling method one
Calling method one
```

Métodos e variáveis privados

Os métodos e as variáveis privados de um objeto são acessíveis para qualquer pessoa que tenha acesso a esse objeto. Os métodos e as variáveis vistos até então são conhecidos como *públicos* porque representam os dados e a funcionalidade que devem ser usados diretamente. Às vezes no processo de definir uma classe, é preciso definir variáveis ou métodos que você não deseja que sejam usados diretamente. Eles são conhecidos como atributos *privados* e os detalhes da sua implementação podem mudar conforme uma classe se desenvolve. Os atributos privados são usados pelos métodos públicos internamente. Python não tem um mecanismo para impedir o acesso aos atributos privados, mas o nome de um atributo privado normalmente começa com um sublinhado, como mostrado no próximo exemplo:

```python
class PrivatePublic():
    def _private_method(self):
        print('private')

    def public_method(self):
        # Call private
        self._private_method()
        # ... Do something else
```

Variáveis da classe

As variáveis definidas usando a sintaxe self.<NOME VARIÁVEL> são conhecidas como *variáveis de instância*. Essas variáveis são vinculadas às instâncias individuais de uma classe. Cada instância pode ter um valor diferente para suas variáveis de instância. Você também pode vincular variáveis a uma classe. Essas *variáveis de classe* são compartilhadas por todas as instâncias dessa classe. A Listagem 14.2 demonstra uma classe com uma variável de classe e uma variável de instância. As duas instâncias dessa classe compartilham os dados da variável de classe, mas têm valores exclusivos para a variável de instância. Note que a variável de classe não é anexada ao objeto de instância, self.

Listagem 14.2 Variáveis de Classe e Instância

```python
class ClassyVariables():
    class_variable = 'Yellow'

    def __init__(self, color):
        self.instance_variable = color

red = ClassyVariables('Red')
blue = ClassyVariables('Blue')

red.instance_variable
'Red'

red.class_variable
'Yellow'
```

```
blue.class_variable
'Yellow'

blue.instance_variable
'Blue'
```

Métodos especiais

Em Python, alguns nomes de método especiais são reservados para certa funcionalidade. Eles incluem métodos para o operador e a funcionalidade do contêiner, além da inicialização do objeto. O método mais usado é __init__(), chamado sempre que um objeto é instanciado. Em geral é usado para configurar valores de atributo iniciais para um objeto. A Listagem 14.3 define uma classe, Initialized, com um método __init__(), que tem um parâmetro extra, n. Ao criar uma instância dessa classe, você deve fornecer um valor para esse parâmetro, então ele é atribuído à variável count. Assim, essa variável pode ser acessada por outros métodos na classe como self.count ou a partir do objeto instanciado como <objeto>.<atributo>.

Listagem 14.3 Método __init__

```
class Initialized():
    def __init__(self, n):
        self.count = n

    def increment_count(self):
        self.count += 1

initialized = Initialized(2)
initialized.count
2

initialized.increment_count()
initialized.count
3
```

Métodos de representação

Os métodos __repr__() e __str__() são usados para controlar como um objeto é representado. O método __repr__() é para dar uma descrição técnica de um objeto. O ideal é que essa descrição inclua as informações necessárias para recriar o objeto. Essa é a representação que você vê ao usar um objeto como uma declaração. O método __str__() é para definir uma representação menos estrita, porém mais amistosa. É a saída quando você converte um objeto em uma *string*, como é feito automaticamente pela função print(). A Listagem 14.4 mostra __repr__() e __str__() em uso.

Listagem 14.4 __repr__() e __str__()

```
class Represented():
    def __init__(self, n):
        self.n = n

    def __repr__(self):
        return f'Represented({self.n})'

    def __str__(self):
        return 'Object demonstrating __str__ and __repr__'

represented = Represented(13)

represented
Represented(13)

r = eval(represented.__repr__())
type(r)
__main__.Represented

r.n
13

str(represented)
'Object demonstrating __str__ and __repr__'

print(represented)
Object demonstrating __str__ and __repr__
```

Métodos de comparação avançados

Métodos de comparação avançados são usados para definir como um objeto se comportará quando usado com os operadores predefinidos de Python. A Listagem 14.5 mostra como definir métodos para os vários operadores de comparação. A classe CompareMe usa a variável score para determinar as comparações e recorre à variável time apenas quando necessário.

Listagem 14.5 Métodos de Comparação

```
class CompareMe():
    def __init__(self, score, time):
        self.score = score
        self.time = time

    def __lt__(self, O):
        """ Less than"""
        print('called __lt__')
        if self.score == O.score:
            return self.time > O.time
        return self.score < O.score
```

```python
    def __le__(self, O):
        """Less than or equal"""
        print('called __le__')
        return self.score <= O.score

    def __eq__(self, O):
        """Equal"""
        print('called __eq__')
        return (self.score, self.time) == (O.score, O.time)

    def __ne__(self, O):
        """Not Equal"""
        print('called __ne__')
        return (self.score, self.time) != (O.score, O.time)

    def __gt__(self, O):
        """Greater Than"""
        print('called __gt__')
        if self.score == O.score:
            return self.time < O.time
        return self.score > O.score

    def __ge__(self, O):
        """Greater Than or Equal"""
        print('called __ge__')
        return self.score >= O.score
```

A Listagem 14.6 instancia a classe CompareMe com alguns valores diferentes, então testa alguns operadores de comparação.

Listagem 14.6 Experimentando os Operadores

```
high_score   = CompareMe(100, 100)
mid_score    = CompareMe(50, 50)
mid_score_1  = CompareMe(50, 50)
low_time     = CompareMe(100, 25)

high_score > mid_score
called __gt__
True

high_score >= mid_score_1
called __ge__
True

high_score == low_time
called __eq__
False

mid_score == mid_score_1
called __eq__
True
```

```
low_time > high_score
called __gt__
True
```

É possível definir comparações de um atributo com um objeto. A Listagem 14.7 cria uma classe que compara diretamente seu atributo score com outro objeto. Isso permite comparar um objeto com qualquer outro tipo comparável a um int (para abreviar, essa listagem implementa apenas os métodos "menor que" e "igual a").

Listagem 14.7   Comparando com um Objeto

```
class ScoreMatters():
    def __init__(self, score):
        self.score = score

    def __lt__(self, 0):
        return self.score < 0

    def __eq__(self, 0):
        return self.score == 0
my_score = ScoreMatters(14)
my_score == 14.0
True

my_score < 15
True
```

É importante não definir comparações confusas ou sem lógica no código Python. Você precisa ter em mente quem é o usuário final nessas definições. Por exemplo, a Listagem 14.8 define uma classe que sempre é maior que qualquer coisa com a qual é comparada, até ela mesma. Provavelmente isso levaria à confusão do usuário final da classe.

Listagem 14.8   Uma Classe Grande e Confusa

```
class ImAllwaysBigger():
    def __gt__(self, 0):
        return True

    def __ge__(self, 0):
        return True

i_am_bigger = ImAllwaysBigger()
no_i_am_bigger = ImAllwaysBigger()

i_am_bigger > "Anything"
True
```

```
i_am_bigger > no_i_am_bigger
True

no_i_am_bigger > i_am_bigger
True

i_am_bigger > i_am_bigger
True
```

Métodos do operador matemático

Existem métodos Python especiais para as operações matemáticas. A Listagem 14.9 define uma classe que implementa métodos para os operadores +, - e *. Essa classe retorna novos objetos com base em sua variável .value.

Listagem 14.9 Operações Matemáticas Selecionadas

```
class MathMe():
    def __init__(self, value):
        self.value = value

    def __add__(self, O):
        return MathMe(self.value + O.value)

    def __sub__(self, O):
        return MathMe(self.value - O.value)

    def __mul__(self, O):
        return MathMe(self.value * O.value)

m1 = MathMe(3)
m2 = MathMe(4)
m3 = m1 + m2
m3.value
7

m4 = m1 - m3
m4.value
-4

m5 = m1 * m3
m5.value
21
```

Há muitos outros métodos especiais, inclusive métodos para operações de bitwise e para definir objetos de contêiner que dão suporte ao fatiamento. Para obter uma lista completa dos métodos especiais, acesse https://docs.python.org/3/reference/datamodel.html#special-method-names.

Herança

Um dos conceitos mais importantes e poderosos na programação orientada a objetos é a herança. Com a herança, uma classe declara outra classe ou classes como mãe(s). A filha pode usar os métodos e as variáveis de sua mãe como se fossem declarados em sua definição. A Listagem 14.10 define uma classe, Person, então a utiliza como uma classe-mãe para outra classe, Student.

Listagem 14.10 Herança Básica

```
class Person():
    def __init__(self, first_name, last_name):
        self.first_name = first_name
        self.last_name = last_name

class Student(Person):
    def introduce_yourself(self):
        print(f'Hello, my name is {self.first_name}')


barb = Student('Barb', 'Shilala')
barb.first_name
'Barb'

barb.introduce_yourself()
Hello, my name is Barb
```

Observe que o método Student.introduce_yourself() usa a variável Person.first_name como se ela fosse declarada como parte da classe Student. Se você verificar o tipo da instância, verá que é Student:

```
type(barb)
__main__.Student
```

O importante é que se você usar a função isinstance(), poderá ver que a instância é uma instância da classe Student:

```
isinstance(barb, Student)
True
```

e uma instância da classe Person:

```
isinstance(barb, Person)
True
```

A herança é útil ao escrever um código que espera alguns comportamentos compartilhados nas classes. Por exemplo, se você implementa um sistema de orquestração de trabalhos, pode esperar que todo tipo de trabalho tenha um método run(). Em vez de testar cada tipo de trabalho possível, pode apenas definir uma classe-mãe com um método run(). Qualquer trabalho herdado é, portanto, uma instância da classe-mãe e terá o método run() definido, conforme mostrado na Listagem 14.11.

Listagem 14.11 Testando uma Classe Básica

```
class Job():
    def run(self):
        print("I'm running")

class ExtractJob(Job):
    def extract(self, data):
        print('Extracting')

class TransformJob(Job):
    def transform(self, data):
        print('Transforming')

job_1 = ExtractJob()
job_2 = TransformJob()
for job in [job_1, job_2]:
    if isinstance(job, Job):
        job.run()
I'm running
I'm running
```

Se uma classe-filha definir uma variável ou um método com o mesmo nome definido em sua mãe, as instâncias da filha usarão a definição da filha. Por exemplo, digamos que você defina uma classe-mãe com um método run():

```
class Parent():
    def run(self):
        print('I am a parent running carefully')
```

Digamos também que defina uma classe-filha que redefine o método:

```
class Child(Parent):
    def run(self):
        print('I am a child running wild')
```

As instâncias da filha usarão a definição da classe-filha:

```
chile = Child()
chile.run()
I am a child running wild
```

Há vezes em que é útil chamar explicitamente o método de uma classe-mãe. Por exemplo, é comum chamar o método __init__() de uma classe-mãe de dentro do método __init__() da classe-filha. A função super() acessa a classe-mãe e seus atributos. O exemplo a seguir usa super() para chamar Person.__init__() a partir da classe-filha Student:

```
class person():
    def __init__(self, first_name, last_name):
        self.first_name = first_name
        self.last_name = last_name
```

```
class student(person):
    def __init__(self, school_name, first_name, last_name):
        self.school_name = school_name
        super().__init__(first_name, last_name)

lydia = student('boxford', 'lydia', 'smith')
lydia.last_name
'smith'
```

A herança não está limitada à mãe ou a um nível. Uma classe pode herdar de uma classe, que ela própria herda de outra classe:

```
class A():
    pass

class B(A):
    pass

class C(B):
    pass

c = C()
isinstance(c, B)
True

isinstance(c, A)
True
```

Uma classe também pode herdar de várias mães:

```
class A():
    def a_method(self):
        print(A's method)

class B():
    def b_method(self):
        print(B's method)

class C(A, B):
    pass

c = C()
c.a_method()
A's method

c.b_method()
B's method
```

> **Nota**
>
> Em geral, não aconselho construir árvores de herança muito complexas quando possível. A herança complexa pode se tornar muito difícil de depurar quando você rastreia as interações entre as variáveis e os métodos definidos na árvore.

Nota

Há muito material disponível sobre o *design* orientado a objetos. Recomendo pesquisar mais antes de embarcar em um grande projeto orientado a objetos para evitar armadilhas desnecessárias.

Resumo

A programação orientada a objetos envolve agrupar dados e funcionalidade em objetos que são definidos por classes. Métodos especiais permitem definir classes que trabalharão com operadores e classes de Python, que implementam o comportamento do contêiner. As classes podem herdar as definições de outras classes.

Perguntas

1. O que a variável self representa em uma definição de classe?
2. Quando o método especial __init__() é chamado?
3. Dada a definição de classe a seguir:

    ```
    class Confuzed():
        def __init__(self, n):
            self.n = n
        def __add__(self, O):
            return self.n - O
    ```

    qual resultado você esperaria com o seguinte?

    ```
    c = Confuzed(12)
    c + 12
    ```

4. Qual será a saída do código a seguir?

    ```
    class A():
        def say_hello(self):
            print('Hello from A')

        def say_goodbye(self):
            print('Goodbye from A')

    class B(A):
        def say_goodbye(self):
            print('Goodbye from B')

    b = B()
    b.say_hello()
    b.say_goodbye()
    ```

15

Outros assuntos

A propriedade mais importante de um programa é se ele realiza a intenção do usuário.

C. A. R. Hoare

Neste capítulo

- Classificando listas
- Lendo e gravando arquivos
- Objetos datetime
- Expressões regulares

Este capítulo cobre alguns componentes da Biblioteca Padrão de Python que são ferramentas poderosas para ciência de dados e o uso geral de Python. Ele começa com vários modos de classificar os dados, então examina a leitura e a gravação de arquivos usando gerenciadores de contexto. Em seguida, o capítulo explica como representar o tempo com objetos datetime. Por fim, o capítulo cobre a pesquisa do texto usando a poderosa biblioteca de expressões regulares. É importante ter pelo menos uma compreensão de alto nível desses tópicos, pois eles são muito utilizados na programação de produção. Este capítulo deve familiarizá-lo o bastante sobre esses tópicos para que você os entenda quando for preciso.

Classificação

Algumas estruturas de dados de Python, como listas, arrays NumPy e Pandas DataFrames, têm capacidades de classificação predefinidas. Você pode usar essas estruturas de dados de imediato ou personalizá-las com suas próprias funções de classificação.

Listas

Para as listas de Python, você pode usar o método sort() predefinido, que classifica uma lista no local. Por exemplo, digamos que você defina uma lista de *strings* representando baleias (whales):

```
whales = [ 'Blue', 'Killer', 'Sperm', 'Humpback', 'Beluga', 'Bowhead' ]
```

Agora você usa o método sort() da lista como a seguir:

```
whales.sort()
```

Veja que a lista está em ordem alfabética:

```
whales
['Beluga', 'Blue', 'Bowhead', 'Humpback', 'Killer', 'Sperm']
```

Esse método não retorna uma cópia da lista. Se você capturar o valor de retorno, verá que ele é None:

```
return_value = whales.sort()
print(return_value)
None
```

Se quiser criar uma cópia classificada de uma lista, poderá usar a função sorted() predefinida de Python, que retorna uma lista classificada:

```
sorted(whales)
['Beluga', 'Blue', 'Bowhead', 'Humpback', 'Killer', 'Sperm']
```

É possível usar sorted() em qualquer iterável, inclusive listas, *strings*, conjuntos, tuplas e dicionários. Não importa o tipo de iterável, essa função retorna uma lista classificada. Se você a chamar em uma *string*, ela retornará uma lista classificada de caracteres da *string*:

```
sorted("Moby Dick")
[' ', 'D', 'M', 'b', 'c', 'i', 'k', 'o', 'y']
```

O método list.sort() e a função sorted() têm um parâmetro opcional reverse, que tem como padrão False:

```
sorted(whales, reverse=True)
['Blue', 'Sperm', 'Beluga', 'Killer', 'Bowhead', 'Humpback']
```

list.sort() e sorted() também têm um argumento key opcional que é usado para definir como a classificação deve ser definida. Para classificar as baleias usando o comprimento das *strings*, por exemplo, você pode definir um lambda que retorna o comprimento e o passa como a chave:

```
sorted(whales, key=lambda x: len(x))
['Blue', 'Sperm', 'Beluga', 'Killer', 'Bowhead', 'Humpback']
```

Também pode definir funções key mais complexas. O exemplo a seguir mostra como definir uma função que retorna o comprimento de uma *string*, a menos que a *string* seja 'Beluga', nesse caso ela retorna 1. Isso significa que contanto que as outras *strings* tenham um comprimento maior que 1, a função key classificará a lista pelo comprimento da *string*, exceto para 'Beluga', que é colocada em primeiro lugar:

```
def beluga_first(item):
    if item == 'Beluga':
        return 1
    return len(item)
```

```
sorted(whales, key=beluga_first)
['Beluga', 'Blue', 'Sperm', 'Killer', 'Bowhead', 'Humpback']
```

Você também pode usar sorted() com as classes definidas. A Listagem 15.1 define a classe Food e cria quatro instâncias dela. Então classifica as instâncias usando o atributo rating como um tipo de chave.

Listagem 15.1 Classificando Objetos com Lambda

```
class Food():
    def __init__(self, rating, name):
        self.rating = rating
        self.name = name

    def __repr__(self):
        return f'Food({self.rating}, {self.name})'

foods = [Food(3, 'Bannana'),
         Food(9, 'Orange'),
         Food(2, 'Tomato'),
         Food(1, 'Olive')]

foods
[Food(3, Bannana), Food(9, Orange), Food(2, Tomato), Food(1, Olive)]

sorted(foods, key=lambda x: x.rating)
[Food(1, Olive), Food(2, Tomato), Food(3, Bannana), Food(9, Orange)]
```

Se você chamar sorted() em um dicionário, será retornada uma lista classificada dos nomes de chave do dicionário. A partir de Python 3.7 (veja https://docs.python.org/3/whatsnew/3.7.html), as chaves do dicionário aparecem na ordem em que foram inseridas nele. A Listagem 15.2 cria um dicionário de pesos das baleias com base nos dados de https://www.whalefacts.org/how-big-are-whales/. Ela imprime as chaves do dicionário para demonstrar que elas mantêm a ordem em que foram inseridas. Então use sorted() para obter uma lista dos nomes de chave classificados por ordem alfanumérica e imprimir os nomes e os pesos das baleias, em ordem.

Listagem 15.2 Classificando as Chaves do Dicionário

```
weights = {'Blue': 300000,
           'Killer': 12000,
           'Sperm': 100000,
           'Humpback': 78000,
           'Beluga': 3500,
           'Bowhead': 200000 }

for key in weights:
    print(key)
Blue
Killer
Sperm
Humpback
Beluga
Bowhead

sorted(weights)
['Beluga', 'Blue', 'Bowhead', 'Humpback', 'Killer', 'Sperm']
```

```
for key in sorted(weights):
    print(f'{key} {weights[key]}')
Beluga 3500
Blue 300000
Bowhead 200000
Humpback 78000
Killer 12000
Sperm 100000
```

Os Pandas DataFrames têm um método de classificação, .sort_values(), que obtém uma lista de nomes da coluna que podem ser classificados (veja a Listagem 15.3).

Listagem 15.3   Classificando Pandas DataFrames

```
import pandas as pd
data = {'first': ['Dan', 'Barb', 'Bob'],
        'last': ['Huerando', 'Pousin', 'Smith'],
        'score': [0, 143, 99]}

df = pd.DataFrame(data)
df

        first   last      score
0       Dan     Huerando    0
1       Bob     Pousin    143
2       Bob     Smith      99

df.sort_values(by=['last','first'])

        first   last      score
0       Bob     Pousin    143
1       Bob     Smith      99
2       Dan     Huerando    0
```

Lendo e gravando arquivos

Você já viu que o Pandas pode ler vários arquivos diretamente em um DataFrame. Por vezes, você desejará ler e gravar os dados do arquivo sem usar o Pandas. Python tem uma função predefinida, open(), que, dado um caminho, retornará um objeto de arquivo aberto. O exemplo a seguir mostra como eu abro um arquivo de configuração em meu diretório pessoal (embora você possa usar qualquer caminho de arquivo do mesmo modo):

```
read_me = open('/Users/kbehrman/.vimrc')
read_me
<_io.TextIOWrapper name='/Users/kbehrman/.vimrc' mode='r' encoding='UTF-8'>
```

É possível ler uma linha de um objeto de arquivo usando o método .readline():

```
read_me.readline()
'set nocompatible\n'
```

O arquivo de objeto controla seu lugar no arquivo. Com cada chamada subsequente para .readline(), a próxima linha é retornada como uma *string*:

```
read_me.readline()
'filetype off\n'
```

É importante fechar sua conexão com um arquivo ao terminar ou isso pode interferir na capacidade de abrir o arquivo de novo. Faça isso com a função close():

```
read_me.close()
```

Gerenciadores de contexto

Usar uma declaração composta do gerenciador de texto é um modo de fechar automaticamente os arquivos. Esse tipo de declaração inicia com a palavra-chave with e fecha o arquivo quando sai de seu estado local. O próximo exemplo abre um arquivo usando um gerenciador de texto e o lê usando o método readlines():

```
with open('/Users/kbehrman/.vimrc') as open_file:
    data = open_file.readlines()
```

```
data[0]
'set nocompatible\n'
```

O conteúdo do arquivo é lido como uma lista de *strings* e atribuído aos dados nomeados da variável, então o contexto sai e o objeto de arquivo é fechado automaticamente.

Ao abrir um arquivo, o objeto de arquivo fica pronto para a leitura como texto por padrão. Você pode especificar outros estados, como binário de leitura ('rb'), gravação ('w') e binário de gravação ('wb'). O exemplo a seguir usa o argumento 'w' para gravar um novo arquivo:

```
text = 'My intriguing story'
```

```
with open('/Users/kbehrman/my_new_file.txt', 'w') as open_file:
    open_file.write(text)
```

Veja como assegurar que o arquivo foi realmente criado:

```
!ls /Users/kbehrman
Applications    Downloads       Movies      Public
Desktop         Google Drive    Music       my_new_file.txt
Documents       Library         Pictures    sample.json
```

O JSON é um formato comum para transmitir e armazenar dados. A Biblioteca Padrão de Python inclui um método para converter para e a partir do JSON. Esse módulo pode converter entre as *strings* JSON e os tipos Python. O exemplo mostra como abrir e ler um arquivo JSON:

```
import json
```

```
with open('/Users/kbehrman/sample.json') as open_file:
    data = json.load(open_file)
```

Objetos datetime

Os dados que modelam os valores ao longo do tempo, chamados de dados da série temporal, normalmente são usados para resolver problemas de ciência de dados. Para usar esse tipo de dado, é preciso um meio de representar o tempo. Um modo comum é com *strings*. Se você necessita de mais funcionalidade, como a capacidade de somar e subtrair facilmente, ou extrair valores para o ano, o mês e o dia, precisará de algo mais sofisticado. A biblioteca Datetime oferece vários modos de modelar o tempo junto com uma funcionalidade útil para a manipulação do valor temporal. A classe datetime.datetime() representa um momento no tempo em microssegundos. A Listagem 15.4 demonstra como criar um objeto datetime e acessar alguns de seus valores.

Listagem 15.4 Atributos de datetime

```
from datetime import datetime

dt = datetime(2022, 10, 1, 13, 59, 33, 10000)
dt
datetime.datetime(2022, 10, 1, 13, 59, 33, 10000)

dt.year
2022

dt.month
10

dt.day
1

dt.hour
13

dt.minute
59

dt.second
33

dt.microsecond
10000
```

Você obtém um objeto para a hora atual usando a função datetime.now():

```
datetime.now()
datetime.datetime(2021, 3, 7, 13, 25, 22, 984991)
```

É possível converter as *strings* em objetos datetime e os objetos datetime em *strings* usando as funções datetime.strptime() e datetime.strftime(). As duas funções contam com os códigos de formato que definem como a *string* deve ser processada. Esses códigos de formato são definidos na documentação de Python, em https://docs.python.org/3/library/datetime.html#strftime-strptime-behavior.

A Listagem 15.5 usa os códigos de formato %Y para um ano com quatro dígitos, %m para um mês com dois dígitos e %d para um dia com dois dígitos para criar um datetime a partir de uma *string*. Então você pode usar %y, que representa um ano com dois dígitos, para criar uma nova versão da *string*.

Listagem 15.5 Objetos datetime para e a partir de Strings

```
dt = datetime.strptime('1968-06-20', '%Y-%m-%d')
dt
datetime.datetime(1968, 6, 20, 0, 0)

dt.strftime('%m/%d/%y')
'06/20/68'
```

É possível usar a classe datetime.timedelta para criar um novo datetime relativo a um existente:

```
from datetime import timedelta
delta = timedelta(days=3)

dt - delta
datetime.datetime(1968, 6, 17, 0, 0)
```

Python 3.9 introduziu um novo pacote, chamado zoneinfo, para definir os fusos horários. Com esse pacote, é fácil definir o fuso de um datetime:

```
from zoneinfo import ZoneInfo

dt = datetime(2032, 10, 14, 23, tzinfo=ZoneInfo("America/Jujuy"))
dt.tzname()
'-03'
```

> **Nota**
> Na época da escrita deste livro, o Colab ainda rodava Python 3.7, portanto você pode não ter acesso ainda a zoneinfo.

A biblioteca zoneinfo também inclui uma classe datetime.date:

```
from datetime import date

date.today()
datetime.date(2021, 3, 7)
```

Essa classe é parecida com datetime.datetime, porém rastreia apenas a data, e não a hora do dia.

Expressões regulares

O último pacote coberto neste capítulo é a biblioteca regex, re. As expressões regulares (regex) fornecem uma linguagem sofisticada para pesquisar no texto. Você pode definir um padrão de pesquisa como uma *string* e então usá-la para pesquisar o texto-alvo. No nível mais simples, o padrão de pesquisa pode ser exatamente o texto ao qual você deseja corresponder. O exemplo a seguir define o texto que contém os capitães de navio e seus e-mails. Então, pesquisa o texto usando a função re.match(), que retorna um objeto match:

```
captains = '''Ahab: ahab@pequod.com
            Peleg: peleg@pequod.com
            Ishmael: ishmael@pequod.com
            Herman: herman@acushnet.io
            Pollard: pollard@essex.me'''

import re
re.match("Ahab:", captains )
<re.Match object; span=(0, 5), match='Ahab:'>
```

Você pode usar o resultado dessa correspondência com uma declaração if, cujo bloco de código será executado apenas se o texto for correspondido.

```
if re.match("Ahab:", captains ):
    print("We found Ahab")
We found Ahab
```

A função re.match() corresponde a partir do início da *string*. Se você tentar corresponder com uma *substring* posterior na *string*-fonte, não haverá correspondência:

```
if re.match("Peleg", captains):
    print("We found Peleg")
else:
    print("No Peleg found!")
No Peleg found!
```

Se quiser corresponder com qualquer *substring* contida no texto, use a função re.search():

```
re.search("Peleg", captains)
<re.Match object; span=(22, 27), match='Peleg'>
```

Conjuntos de caracteres

Os conjuntos de caracteres fornecem uma sintaxe para definir correspondências mais generalizadas. A sintaxe para os conjuntos de caracteres é um grupo de caracteres entre colchetes. Para pesquisar a primeira ocorrência de 0 ou 1, você poderia usar este conjunto de caracteres:

"[01]"

Para pesquisar a primeira ocorrência de uma vogal seguida de um sinal de pontuação, poderia usar este conjunto:

"[aeiou][!,?.;]"

É possível indicar um intervalo de caracteres em um conjunto usando hífen. Para qualquer dígito, você usaria a sintaxe [0-9], para qualquer letra maiúscula, [A-Z], ou para qualquer letra minúscula, [a-z]. Você pode colocar + após um conjunto de caracteres para corresponder a uma ou mais instâncias. Coloque após um conjunto de caracteres um número entre chaves para corresponder a esse número exato de ocorrências em uma linha. A Listagem 15.6 demonstra o uso dos conjuntos de caracteres.

Listagem 15.6 Conjuntos de Caracteres

```
re.search("[A-Z][a-z]", captains)
<re.Match object; span=(0, 2), match='Ah'>

re.search("[A-Za-z]+", captains)
<re.Match object; span=(0, 4), match='Ahab'>

re.search("[A-Za-z]{7}", captains)
<re.Match object; span=(46, 53), match='Ishmael'>

re.search("[a-z]+\@[a-z]+\.[a-z]+", captains)
<re.Match object; span=(6, 21), match='ahab@pequod.com'>
```

Classes de caracteres

Classes de caracteres são grupos predefinidos de caracteres fornecidos para uma correspondência mais fácil. Você pode ver a lista inteira de classes de caracteres na documentação re (veja https://docs.python.org/3/library/re.html). Algumas classes de caracteres mais usadas são \d para caracteres de dígitos numéricos, \s para caracteres de espaço em branco e \w para caracteres alfabéticos. Em geral os caracteres alfabéticos correspondem a qualquer caractere comumente usado em palavras, além de dígitos numéricos e sublinhados.

Para pesquisar a primeira ocorrência de um dígito cercado por caracteres alfabéticos, use:

`"\w\d\w"`:

```
re.search("\w\d\w", "His panic over Y2K was overwhelming.")
<re.Match object; span=(15, 18), match='Y2K'>
```

Você pode usar + ou chaves para indicar múltiplas ocorrências consecutivas de uma classe de caractere do mesmo modo como faz com os conjuntos de caracteres:

```
re.search("\w+\@\w+\.\w+", captains)
<re.Match object; span=(6, 21), match='ahab@pequod.com'>
```

Grupos

Se você coloca partes de um padrão de expressão regular entre parênteses, elas se tornam um grupo. É possível acessar os grupos em um objeto de correspondência usando o método group(). Os grupos são numerados, com o grupo 0 sendo a correspondência inteira:

```
m = re.search("(\w+)\@(\w+)\.(\w+)", captains)

print(f'Group 0 is {m.group(0)}')
Group  0 is ahab@pequod.com
```

```
print(f'Group 1 is {m.group(1)}')
Group  1 is ahab

print(f'Group 2 is {m.group(2)}')
Group  2 is pequod

print(f'Group 3 is {m.group(3)}')
Group  3 is com
```

Grupos nomeados

Normalmente é útil se referir aos grupos pelos nomes em vez de usar números. A sintaxe para definir um grupo nomeado é:

(?P<NOME_GRUPO>PADRÃO)

Então você pode obter os grupos usando os nomes deles em vez dos números:

```
m = re.search("(?P<name>\w+)\@(?P<SLD>\w+)\.(?P<TLD>\w+)", captains)

print(f'''
Email address: {m.group()}
Name: {m.group("name")}
Secondary level domain: {m.group("SLD")}
Top level Domain: {m.group("TLD")}''')
Email address: ahab@pequod.com
Name: ahab
Secondary level domain: pequod
Top level Domain: com
```

Localizar todos

Até agora você apenas conseguiu localizar a primeira ocorrência de uma correspondência. É possível usar a função re.findall() para corresponder a todas as ocorrências. Essa função retorna cada correspondência como uma *string*:

```
re.findall("\w+\@\w+\.\w+", captains)
['ahab@pequod.com',
 'peleg@pequod.com',
 'ishmael@pequod.com',
 'herman@acushnet.io',
 'pollard@essex.me']
```

Se tiver grupos definidos, re.findall() retornará cada correspondência como uma tupla de *strings*, com cada *string* começando com a correspondência para um grupo:

```
re.findall("(?P<name>\w+)\@(?P<SLD>\w+)\.(?P<TLD>\w+)", captains)
[('ahab', 'pequod', 'com'),
 ('peleg', 'pequod', 'com'),
 ('ishmael', 'pequod', 'com'),
 ('herman', 'acushnet', 'io'),
 ('pollard', 'essex', 'me')]
```

Iterador para localizar

Se você pesquisa todas as correspondências em um texto grande, pode usar re.finditer(). Essa função retorna um iterador, que retorna cada correspondência subsequente com cada iteração:

```
iterator = re.finditer("\w+\@\w+\.\w+", captains)

print(f"An {type(iterator)} object is returned by finditer" )
An <class 'callable_iterator'> object is returned by finditer

m = next(iterator)
f"""The first match, {m.group()} is processed
without processing the rest of the text"""
'The first match, ahab@pequod.com is processed
without processing the rest of the text'
```

Substituição

É possível usar expressões regulares para a substituição, assim como a correspondência. A função re.sub() tem um padrão de correspondência, uma *string* de substituição e um texto de origem:

```
re.sub("\d", "#", "Your secret pin is 12345")
    'Your secret pin is #####'
```

Substituição usando grupos nomeados

Você pode se referir aos grupos nomeados em uma *string* de substituição usando esta sintaxe:

\g<NOME_GRUPO>

Para inverter os endereços de e-mail no texto captains (capitães), você pode usar a substituição como segue:

```
new_text = re.sub("(?P<name>\w+)\@(?P<SLD>\w+)\.(?P<TLD>\w+)",
                  "\g<TLD>.\g<SLD>.\g<name>", captains)

print(new_text)
Ahab: com.pequod.ahab
Peleg: com.pequod.peleg
Ishmael: com.pequod.ishmael
Herman: io.acushnet.herman
Pollard: me.essex.pollard
```

Compilando expressões regulares

Há um custo ao compilar um padrão de expressão regular. Se você estiver usando a mesma expressão regular muitas vezes, será mais eficiente compilar uma vez. Para tanto, use a função re.compile(), que retorna um objeto de expressão regular compilado com base em um padrão de correspondência:

```
regex = re.compile("\w+: (?P<name>\w+)\@(?P<SLD>\w+)\.(?P<TLD>\w+)")
regex
re.compile(r'\w+: (?P<name>\w+)\@(?P<SLD>\w+)\.(?P<TLD>\w+)', re.UNICODE)
```

Esse objeto tem métodos que mapeiam muitas funções re, como match(), search(), findall(), finditer() e sub(), como demonstrada na Listagem 15.7.

Listagem 15.7 Expressão Regular Compilada

```
regex.match(captains)
<re.Match object; span=(0, 21), match='Ahab: ahab@pequod.com'>

regex.search(captains)
<re.Match object; span=(0, 21), match='Ahab: ahab@pequod.com'>

regex.findall(captains)
[('ahab', 'pequod', 'com'),
 ('peleg', 'pequod', 'com'),
 ('ishmael', 'pequod', 'com'),
 ('herman', 'acushnet', 'io'),
 ('pollard', 'essex', 'me')]

new_text = regex.sub("Ahoy \g<name>!", captains)
print(new_text)
Ahoy ahab!
Ahoy peleg!
Ahoy ishmael!
Ahoy herman!
Ahoy pollard!
```

Resumo

Este capítulo apresenta a classificação de dados, os objetos de arquivo, as bibliotecas Datetime e re. Ter pelo menos um conhecimento básico desses tópicos é importante para qualquer desenvolvedor Python. Você pode fazer a classificação com a função sorted() ou os métodos sort() do objeto, como o anexado aos objetos de lista. É possível abrir os arquivos usando a função open() e com os arquivos abertos, leia ou grave neles. A biblioteca Datetime modela o tempo e é particularmente útil ao lidar com dados da série temporal. Por fim, você pode usar a biblioteca re para redefinir pesquisas de texto complicadas.

Perguntas

1. Qual é o valor final de sorted_names no exemplo a seguir?
    ```
    names = ['Rolly', 'Polly', 'Molly']
    sorted_names = names.sort()
    ```

2. Como você classificaria a lista nums = [0, 4, 3, 2, 5] na ordem descendente?
3. Um gerenciador de contexto lida com qual limpeza específica dos objetos de arquivo?
4. Como você criaria um objeto datetime a partir das seguintes variáveis?
   ```
   year = 2022
   month = 10
   day = 14
   hour = 12
   minute = 59
   second = 11
   microsecond = 100
   ```
5. O que representa \d em um padrão de expressão regular?

Apêndice A

Respostas para as perguntas no final dos capítulos

As respostas para as perguntas no final de cada capítulo estão listadas aqui.

Capítulo 1

1. *Notebooks* Jupyter.
2. Texto e código.
3. Use o botão Mount Drive na seção Files da navegação à esquerda.
4. Python no Google Colab.

Capítulo 2

1. `int`
2. Serão executadas normalmente.
3. `raise LastParamError`
4. `print("Hello")`
5. `2**3`

Capítulo 3

1. `'a' in my_list`
2. `my_string.count('b')`
3. `my_list.append('a')`
4. Sim
5. `range(3, 14)`

Capítulo 4

1. dict(name='Smuah', height=62)

    Ou

    {'name':'Smuah', 'height':62}

    Ou

    dict([['name','Smuah'],['height',62]])
2. student['gpa'] = 4.0
3. data.get('settings')
4. Um objeto mutável tem dados que podem ser alterados; um objeto imutável tem dados que não podem ser alterados após sua criação.
5. set("lost and lost again")

Capítulo 5

1. Biya []
2. Hiya Henry
3. for x in range(9):
        if x not in (3, 5, 7):
            print(x)

Capítulo 6

1. 'after-nighttime'
2. 'before-nighttime'
3. Um erro.
4. @standard_logging
5. a
    b
    1

Apêndice A   Respostas para as perguntas no final dos capítulos   **217**

Capítulo 7

1. Os arrays NumPy contêm apenas um tipo de dado.

   Os arrays NumPy fazem operações elemento a elemento.

   Os arrays NumPy têm métodos matemáticos matriciais.

2. array([[1, 3],
          [2, 9]])

3. array([[0, 1, 0],
          [4, 2, 9]])

4. 5, 2, 3

5. poly1d((6,2,5,1,-10))

Capítulo 8

1. stats.norm(loc=15)

2. nrm.rvs(25)

3. scipy.special

4. std()

Capítulo 9

1. df = pd.DataFrame({'Sample Size(mg)':[0.24, 2.34, 0.0234],
                      '%P':   [40, 34, 12],
                      '%Q':   [60, 66, 88]})

   Ou

   df = pd.DataFrame([[0.24, 40, 60],
                      [2.34, 34, 66],
                      [0.0234, 12, 88]],
                         columns=['Sample Size(mg) ', '%P', '%Q'])

2. df['Total Q'] = df['%Q']/df['Sample Size(mg)']

   Ou

   df['Total Q'] = df.loc[:,'%Q']/df.loc[:,'Sample Size(mg)']

   Ou

   df['Total Q'] = df.iloc[:,2]/df.iloc[:,0]

3. df.loc[:, ['%P', '%Q']] / 100

Capítulo 10

1. plt.plot(data['X'], data['Y']
2. plt.plot(data['X'], data['Y'])
3. fig, (ax1, ax2) = plt.subplots(1, 2)
   ax1.plot(data['X'], data['Y'])
   ax2.plot(data['X'], data['Y1'])
   fig.show()

   Ou

   fig, (ax1, ax2) = plt.subplots(1, 2)
   ax1.plot('X','Y', data=data)
   ax2.plot('X','Y1', data=data)
   fig.show()

Capítulo 11

1. Transformar dados.
2. Evitar o sobreajuste.
3. Testar a precisão do modelo.

Capítulo 12

1. gutenberg.words('austen-emma.txt')
   gutenberg.sents('austen-emma.txt')
   gutenberg.paras('austen-emma.txt')
2. alice = gutenberg.words('carroll-alice.txt')
   alice['Alice']
3. alice = gutenberg.words('carroll-alice.txt')
   alice_r = []
   for word in alice_w:
       if word not in string.punctuation:
           if word.lower() not in english_stopwords:
               alice_r.append(word)
   alice_dist = nltk.FreqDist(alice_r)
   alice_dist.tabulate(10)
4. alice = Text(gutenberg.words('carroll-alice.txt'))
   alice.similar('rabbit')

5.
```
nltk.download('names')
names = nltk.corpus.names
all_names = names.words('male.txt')
all_names.extend( names.words('female.txt') )
hamlet_w = gutenberg.words('shakespeare-hamlet.txt')
hamlet_names = []
for word in hamlet_w:
    if word in all_names:
        hamlet_names.append(word)

hamlet_dist = nltk.FreqDist(hamlet_names)
hamlet_dist.most_common(5)
```

Capítulo 13

1. 4
   4
2. `list(map(lambda x: f'{x}'*2, 'omni'))`

   Ou

   `list(map(lambda x: f'{x}{x}', 'omni'))`
3. `sum([x for x in range(100, 2)])`
4. `(x**2 for x in range(1000))`
5.
```
def fib():
    f0 = 0
    f1 = 1
    while True:
        yield f0
        f0, f1 = f1, f0 + f1
```

Capítulo 14

1. A instância atual da classe.
2. Quando um objeto é instanciado.
3. 0
4. `Hello from A`
   `Goodbye from B`

Capítulo 15

1. None
2. `nums.sort(reverse=True)`
3. Fechar o objeto de arquivo.
4. `datetime(year, month, day, hour, minute, second, microsecond)`
5. Um dígito.

Índice

A

alto nível, linguagens de programação, 15
analisador, 14
aninhadas, funções, 77
aninhadas, listas, 31
Anscombe, F., 135
apply(), método, 132–133
aprendizado de máquina, 153. *Ver também* Scikit-learn
   dividir teste e treinar dados, 155–156
   sobreajustar, 155
   supervisionado *versus* não supervisionado, aprendizado, 154
   transformações, 154–155
argumentos, 30
arquivos
   abrir, 205
   criar DataFrames a partir de, 116
   Google Colab, 9–10
   ler e gravar, 204–205
arrays
   bidimensionais, 88
      indexar e fatiar, 90
   broadcast, 98–99
      expandir dimensões, 99–100
   cópias, mudar valores em, 95
   criar, 86–88
      unidimensionais, 87
      bidimensionais, 88
      usar método reshape, 88–89
   definir tipo automaticamente, 97
   definir tipo explicitamente, 97–98
   elemento a elemento, operações, 91–92
   exibições, 94
      mudar valores em, 94
   fatiar, 89–90
   filtrar valores, 92–94
   indexar, 89–90
   matriz, operações, 96–97
   métodos, 95–96
   mudar valores em, 91
   sequências e, 91
   unidimensionais, 87
aspas, *strings* e, 33
assert, declarações, 16–17
atribuição, declarações, 17
atributos, 22
atualizar
   colunas, -129
   conjuntos, 51–52
auxiliares, funções, 33–34

B

baixo nível, linguagens de programação, 15
bibliotecas. *Ver também* NumPy; SciPy
   aprendizado de máquina, 153–154
   de terceiros, 85
   SciPy, 103
   visualização, matplotlib, 135–136
bibliotecas de terceiros, 85
bibliotecas de visualização, 151
   Bokeh, 149–150
   matplotlib, 135–136
      cores, 139
      criar vários eixos, 143–144
      dados rotulados, 140–141
      estilo de plotagens, 137, 139–140
      linha, estilos, 138
      marcador, tipos, 137–138
      objetos, estilo orientado a, 143
      plotar vários conjuntos de dados, 141–143

Plotly, 148–149
Seaborn, 144–145
   plotar, tipos, 148
   temas, 145–147
bidimensionais, arrays, 88
   indexar e fatiar, 90
Bokeh, 149–150
booleanos, operadores, 14, 58–59, 125
   DataFrames e, 126–127
break, declaração, 64
break, declarações, 19
broadcast, 98–99
   expandir dimensões, 99–100
brutas, *strings***, 33**

C

caractere, classes, 209
caractere, conjuntos, 208–209
caracteres especiais, 33
células, 4–5
chave/valor, pares, 37
   adicionar, 39
   atualizar, 39
classes, 22, 188–189
   datetime.date, 207
   herança, 196–199
   variáveis, 190–191
classificação, listas, 32, 201–204
classificadoras, classes, 166
código, blocos, 56, 63–64
colchete, sintaxe, 121–122
collocations(), método, 165
colunas
   atualizar, 129
   criar, 128
comparação avançada, métodos, 192–195
compartilhadas, operações, 25
compostas, declarações, 55
   estrutura, 56
   if, 59–62
concordance(), método, 165
conjuntos, 46–48
   atualizar, 51–52
   diferença entre, 51
   disjuntos, 48
   próprios, subconjuntos, 49

   simétrica, diferença, 51
   subconjuntos e, 49
   superconjuntos e, 50
   união, 50
construtores
   dict(), 38
   list(), 29
   tuple(), 29
contexto, gerenciadores, 205
continue, declarações, 19
cópias, mudar valores em, 95
corpus, **download, 166–167**
corpus, **leitores, 160**
   carregar texto, 160–161
   tokenizers, 161
criar, filtrar, 125-126
   arrays, 86–88
      bidimensionais, 88
      unidimensionais, 87
      usar método reshape, 88–89
   colunas, 128
   DataFrames, 114
      a partir de um arquivo, 116
      a partir de um dicionário, 114–115
      a partir de uma lista de listas, 115–116
   datetime, objeto, 206
   dicionários, 38
   listas, 29–30
   tuplas, 29–30

D

DataFrames, 113
   acessar dados, 120–121
   apply(), método, 132–133
   booleanos, operadores, 126–127
   classificar, 204
   colchetes, sintaxe, 121–122
   colunas
      atualizar, 129
      criar, 128
   criar, 114
      a partir de um arquivo, 116
      a partir de um dicionário, 114–115
      a partir de uma lista de listas, 115–116
   dados, manipulação, 129–131
   describe, método, 118
      exclude, argumento, 120

include, palavra-chave, 119–120
  percentiles, argumento, 118–119
head, método, 117
interagir com, 117
interativa, exibição, 133
manipular, 127–128, 129
mascarar e filtrar, 125–126
métodos, 128
otimizado, acesso
  por índice, 124
  por rótulo, 123–124
replace, método, 131–132
tail, método, 118
datetime, objeto, 207
converter *string* em, 207
criar, 206
definir fuso horário, 207
declaração controlada, 56, 68
declarações, 15–16
assert, 16–17
atribuição, 17
break, 19, 64
código, blocos, 56, 63–64
continue, 19, 64–65
delete, 18
elif, 62
else, 61
expressão, 16
future, 20
global, 20
if, 59–62
import, 19–20
múltiplas, 16
nonlocal, 20
pass, 18
print, 20–21
raise, 18–19
return, 18, 75
running, 4
yield, 18
decorators, 76–77, 79
sintaxe, 79–80
del(), função, 40
delete, declarações, 18
describe, método, 118
exclude, argumento, 120
include, palavra-chave, 119–120
percentiles, argumento, 118–119

desigualdade, operadores, 56–57
dicionário, compreensões, 181
dicionário, exibições, 40–42
dict_key, 41–42
key_item, 42
dicionários, 37–39
chave/valor, pares
  adicionar, 39
  atualizar, 39
criar DataFrames a partir de, 114–115
criar, 38
get, método, 43–44
hash(), método, 45
remover itens, 39–40
válidos, tipos de chave, 44–45
verificar chaves, 43
dict(), construtor, 38
dict_key, exibição, 41–42
difference(), método, 51
disjuntos, conjuntos, 48
dispersion_plot(), método, 165–166
distribuição binomial, 105–107
distribuição exponencial, 110
distribuição normal, 108–110
distribuição uniforme, 110–111
distribuições contínuas, 108
exponencial, 110
normal, 108–110
uniforme, 110–111
distribuições de frequência, 161–162
filtrar palavras irrelevantes, 163–164
remover pontuação, 162–163
distribuições discretas, 105
binomial, 105–107
Poisson, 107–108
docstrings, **68–69**
download de *corpus*, **166–167**

E

eixos, 136, 143–144
elif, declaração, 62
else, declaração, 61
escopo, 20, 75–76, 173–174
herdar, 174
estimadores, 156
exceções, 18–19
executar declarações, 4

exibições, 94
 mudar valores em, 94
expressões, 16
 geradoras, 182–183
expressões regulares, 207–208
 compilar, 211–212
 grupos nomeados, 210
 grupos, 209–210
 substituição, 211
  usar grupos nomeados, 211
expressões regulares, compilar, 211–212
extend, método, 31

F

fatiar, 27
 arrays, 89–90
 DataFrames, 122
fileids(), método, 160
filter(), função, 179
 substituir por uma compreensão de lista, 180
findall(), método, 165
for, loops, 63–64
FreqDist, classe
 métodos, 164
 predefinido, método de plotagem, 164
frozensets, 53
f-*strings*, 34
funções, 15, 67
 aninhadas, 77
 anônimas, 80
 auxiliares, 33–34
 como parâmetro, 78
 control, declaração, 68
 datetime.now(), 206
 decorators, 76–77, 79
  sintaxe, 79–80
 del(), 40
 docstring, 68–69
 escopo, 75–76
 gerador, 183–184
 integração aninhada, 78–79
 integrar, 77–78
 invertidas, 41
 lambda, 80, 179
 len, 27
 max, 28

 min, 28
 open(), 204–205
 parâmetros, 69–70
  mutáveis, padrões, 72–73
  palavra-chave, atribuições, 70–71
  palavra-chave, curinga, 74–75
  posicional, curinga, 74
  posicional apenas, 73
  valor padrão, 71–72
 re.compile(), 211
 re.findall(), 210
 re.finditer(), 211
 re.match(), 207–208
 re.search(), 208
 return, declarações, 75
 sorted(), 202–204
fuso horário, definir para objeto datetime, 207
future, declarações, 20

G

gerador(es), 182
 expressões, 182–183
 funções, 183–184
get, método, 43–44
globais, declarações, 20
Google Colab, 5–6
 arquivos, 9–10
 cabeçalhos, 7–8
 código, células, 9
 Código, Fragmentos, 11
 coleções existentes e, 11
 LaTeX, 8–9
 notebooks, gerenciar, 10
 shell, comandos, 11–12
 sistema, álias, 11–12
 texto, células, 6–8
gravar dados de arquivo, 204–205
grupos, 209–210
 nomeados, 210–211

H

hash(), método, 45
head, método, 117
herança, 196–199
herdar escopo, 174

I

if, declarações, 59–62
igualdade, operadores, 56–57, 125
imagens, 136
import, declarações, 19–20
in, operador, 26, 40
index, método, 28
indexar, 26
   arrays, 89–90
   DataFrames e, 124
instâncias, 188
interagir com dados do DataFrame, 117
interrogação, 27–28
interseções, 51
intervalos, 34–35
ints, 14
   numerator, atributo, 22
issuperset(), método, 50
items(), método, 40

J-K

JSON, abrir e ler arquivos, 205
Jupyter, *notebooks*, 4–5
Keras, 153
key_item, exibição, 42
keys(), método, 40

L

LaTeX, 8–9
Len, função, 27
ler arquivos, 204–205
linguagem natural, processamento, 159
list(), construtor, 29
lista, compreensões, 179
   condicionais e, 181
   múltiplas variáveis, 181
   sintaxe, 179–180
   substituir map() e filter() por, 180
listas, 29
   adicionar e remover itens, 30–31
   aninhadas, 31
   classificar, 32, 201–204
   criar DataFrames a partir de, 115–116
   criar, 29–30
   descompactar, 31–32
   nivelar, 167

localizar, iterador, 211
loops
   break, declaração, 64
   for, 63–64
   while, 62–63

M

mágicas, funções, 12
map(), função, 177–178
   substituir por compreensão de lista, 180
Markdown, 6
matplotlib, 135–136
   cores, 139
   criar vários eixos, 143–144
   dados rotulados, 140–141
   estilo de plotagens, 137, 139–140
   linha, estilos, 138
   marcador, tipos, 137–138
   objeto, estilo orientado, 143
   plotar vários conjuntos de dados, 141–143
max, função, 28
métodos, 188–190
   apply(), 132–133
   arrays e, 95–96
   collocations(), 165
   comparação avançada, 192–195
   concordance(), 165
   count, 28
   DataFrames, 128
   describe, 118
      exclude, argumento, 120
      include, palavra-chave, 119–120
      percentiles, argumento, 118–119
   difference(), 51
   disjoint(), 48
   dispersion_plot(), 165–166
   extend, 31
   fileids(), 160
   findall(), 165
   get, 43–44
   hash(), 45
   head, 117
   index, 28
   inheritance, 196–199
   intersection(), 51
   issuperset(), 50
   items(), 40
   keys(), 40

matemático, operador, 195–196
min(), 125
pop, 30
private, 190
public, 190
replace, 131–132
representação, 192
reverse, 32
similar(), 165
sort(), 201–202
sort, 32
special, 191
subset(), 49
symmetric difference(), 51
tail, 118
to_bytes(), 187–188
union(), 50
values(), 40
métodos privados, 190
métodos públicos, 190
min, função, 28
min(), método, 125
MinMaxScaler, transformador, 154–155
múltiplas declarações, 16

N

Natural Language Processing with Python, 169
nivelar listas aninhadas, 167
NLTK (Natural Language Toolkit), 159
  amostra, textos, 159–160
  classificadoras, classes, 166
    baixar corpus, 166–167
    definir recursos, 168
    nivelar listas aninhadas, 167
    rotular dados, 167
    treinar e testar, 168–169
  corpus, leitores, 160
    carregar texto, 160–161
    tokenizers, 161
  fileids(), método, 160
  FreqDist, classe
    predefinido, método de plotagem, 164
  frequência, distribuições, 161–162
    filtrar palavras irrelevantes, 163–164
    remover pontuação, 162–163

  métodos, 164
  Text, classe, 165
    collocations(), método, 165
    concordance(), método, 165
    dispersion_plot(), método, 165–166
    findall(), método, 165
    similar(), método, 165
  substituição e, 211
NoneType, 15
nonlocal, declarações, 20
notebooks, **4–5**
  gerenciar, 10
  Google Colab, 5–6
  Jupyter, 4–5
numérico, 14
NumPy. *Ver também* **arrays; SciPy**
  criar arrays, 86–87
  instalar e importar, 86
  polinômios, 100–101

O

objetos, 22, 187–188
  avaliação, 59
  datetime, criar, 206
  imutáveis, 44–45
  intervalo, 34–35
  mutáveis, 44, 176–177
open(), função, 204–205
operações matemáticas, 21–22
operações matriciais, 96–97
operadores, 21–22
  booleanos, 58–59
  booleanos, operadores, 126–127
  comparação, 57–58, 93–94
  igualdade/desigualdade, 56–57, 125
  in, 40
  matemáticos, 28–29
  or, 59
  walrus, 60
operadores de comparação, 57–58, 93–94
or, operador, 59

P

pacotes, zoneinfo, 207
palavras irrelevantes, 163–164
Pandas DataFrames. *Ver* **DataFrames**

parâmetros
  funções como, 78
  mutáveis, padrões, 72-73
  padrão, valor, 71-72
  palavra-chave, atribuições, 70-71
  palavra-chave, curinga, 74-75
  posicionais apenas, 73
  posicional, curinga, 74
pass, declarações, 18
Plotly, 148-149
Poisson, distribuição, 107-108
polinômios, 100-101
ponto, notação, 22
pop, método, 30
predefinidos, tipos, 14
print, declarações, 20-21
procedural, programação, 174
programação funcional, 173, 174-175
  alterar dados mutáveis, 176-177
  dicionário, compreensões, 181
  escopo, 173-174
    externo, 175-176
    herdar, 174
  estado, 174
  filter(), função, 179
  gerador(es), 182
    expressões, 182-183
    funções, 183-184
  lambda, funções, 179
  lista, compreensões, 179
    condicionais e, 181
    múltiplas variáveis, 181
    substituir map() e filter() por, 180
    sintaxe, 179-180
  map(), função, 177-178
  operador, módulo, 179
  reduce(), função, 178, 179
programação orientada a objetos, 187
  classes, 188-189
    variáveis, 190-191
  herança, 196-199
  instâncias, 188
  métodos, 188-190
    matemático, operador, 195-196
    representação, 192
    avançada, comparação, 192-195
    especiais, 191

objetos, 187-188
privados, métodos, 190
próprios, subconjuntos, 49
Punkt, tokenizer, 161
Python, tipos, 14-15
PyTorch, 154

R

raise, declarações, 18-19
re.compile(), função, 211
re.findall(), função, 210
re.finditer(), função, 211
re.match(), função, 207-208
re.search(), função, 208
reduce(), função, 178, 179
remover itens de dicionários, 39-40
replace, método, 131-132
representação, métodos, 192
return, declarações, 18, 75
reverse, método, 32
rótulos, acessar DataFrames e, 123-124

S

Scikit-learn, 154
  dividir teste e treinar dados, 155-156
  estimadores, 156
  MinMaxScaler, transformador, 154-155
  treinar e testar, 156
  treinar modelo, 156
  tutoriais, 157
SciPy, 103
  distribuições contínuas, 108
    exponencial, 110
    normal, 108-110
    uniforme, 110-111
  distribuições discretas, 105
    binomial, 105-107
    Poisson, 107-108
scipy.misc, submódulo, 104-105
scipy.special, submódulo, 105
scipy.stats, submódulo, 105
Seaborn, 144-145
  plotagem, tipos, 148
  temas, 145-147

sequências, 14, 25
 arrays e, 91
 fatiar, 27
 frozensets e, 53
 indexar, 26
 interrogação, 27-28
 interseções, 51
 listas, 29
  adicionar e remover itens, 30-31
  aninhadas, 31
  classificar, 32
  descompactar, 31-32
 matemáticas, operações, 28-29
 testar associação, 26
 tuplas, 29
  descompactar, 31-32
similar(), método, 165
sintaxe
 colchetes, 121-122
 decorators, 79-80
 lista, compreensões, 179-180
sobreajustar, 155
sort(), método, 201-202
sort, método, 32
sorted(), função, 202-204
strings, 14, 32-33
 aspas e, 33
 auxiliares, funções, 33-34
 brutas, 33
 caracteres especiais, 33
 converter em objeto datetime, 207
 f-, 34
submódulos
 scipy.misc, 104-105
 scipy.special, 105
 scipy.stats, 105
subset(), método, 49
substituição, 211
superconjuntos, 50
symmetric difference(), método, 51

T

tail, método, 118
temporal, dados da série, 206
TensorFlow, 153
Text, classe, 165
 collocations(), método, 165
 concordance(), método, 165
 dispersion_plot(), método, 165-166
 findall(), método, 165
 similar(), método, 165
texto, células, 6-8
tipos, 14-15. *Ver também* **sequências**
to_bytes(), método, 187-188
tokenizers, 161
transformações, 154-155
tuplas, 29
 criar, 29-30
 descompactar, 31-32
tuple(), construtor, 29

U

unidimensionais, arrays, 87
union(), método, 50

V

values(), método, 40
variáveis, 190-191

W

walrus, operador, 60
while, loops, 62-63

X-Y-Z

yield, declarações, 18
zoneinfo, pacote, 207

IMPRESSÃO:

PALLOTTI
GRÁFICA

Santa Maria - RS | Fone: (55) 3220.4500
www.graficapallotti.com.br